教育部人文社会科学研究基金项目（12YJA790120）
山东能源经济协同创新中心（山东省 2011 计划）资助

煤炭产业低碳发展机制及政策取向研究

谭玲玲　著

中国时代经济出版社

北　京

图书在版编目（CIP）数据

煤炭产业低碳发展机制及政策取向研究／谭玲玲著
. --北京：中国时代经济出版社，2014.12（2024.8重印）
ISBN 978 - 7 - 5119 - 2313 - 4

Ⅰ.①煤… Ⅱ.①谭… Ⅲ.①煤炭工业－节能－产业
发展－研究－中国 Ⅳ.①F426. 21

中国版本图书馆 CIP 数据核字（2015）第 007859 号

书　　名：煤炭产业低碳发展机制及政策取向研究
作　　者：谭玲玲

出版发行：中国时代经济出版社
社　　址：北京市丰台区右安门外玉林里 25 号楼
邮政编码：100069
发行热线：（010）83910203
传　　真：（010）83910203
邮购热线：（010）83910203
网　　址：www. cmepub. com. cn
电子信箱：zgsdjj@hotmail. com
经　　销：各地新华书店
印　　刷：三河市天润建兴印务有限公司
开　　本：787×1092　1/16
字　　数：180 千字
印　　张：11.75
版　　次：2015 年 4 月第 1 版
印　　次：2024 年 8 月第 3 次印刷
书　　号：ISBN 978 - 7 - 5119 - 2313 - 4
定　　价：42.00 元

目　录

第1章 绪 论

1.1 选题背景及意义

1.1.1 问题的提出

"哥本哈根会议"之后,"低碳发展"日益成为世界经济发展的一个主要趋势。中国作为世界上最大的发展中国家,肩负着应对气候变化,为改善全球气候问题发挥重要作用的大国职责,这已经成为摆在国家面前的战略课题,当然,也是中国实现可持续发展的重要基础。然而,从实践上来看,中国经济发展与减排目标双重压力矛盾突出。中国正处于城镇化、工业化快速发展的重要时期,面临着经济发展、民生改善的艰巨任务。而经济的高速增长使能源需求始终保持强劲的增长势头,而以煤为主的能源结构是我国向低碳发展模式转变的长期制约因素,在应对气候变化领域,面临着比发达国家更为严峻的挑战。而频繁发生的大范围雾霾天气再次为环保问题敲响了警钟,虽然造成雾霾的原因众多,但以煤炭为代表的传统能源消费结构无疑是其重要原因,国务院《能源发展"十二五"规划》中明确提出优化能源消费结构,对煤炭产量、销量实行"双控政策",种种压力之下,中国煤炭消费汰劣(等煤)存优(质煤)的趋势已经出现，这必将对煤炭产业的发展产生深远的影响。

煤炭产业作为中国的能源支柱产业，又是典型的高碳产业，如何成功转型为符合中国国情、有中国特色的煤炭低碳产业，顺利实现低碳发展，不仅仅是技术上的更新换代，更重要的是产业发展理念上的一次革命性的转变，不仅关系到煤炭产业自身的可持续发展，关系到中国的经济发展和能源安全，更关系到中国碳排放目标的顺利实现，而且，煤炭产业低碳发展是一个世界性的难题，如果这一问题解决好了，将会为世界做出贡献。

那么，煤炭产业低碳发展的机制如何？路径突破的困境在哪里？哪些方面是低碳发展的决策重点？相关政策措施的实施效果如何？影响作用有多大？如何在保证经济发展对煤炭资源的需求、保持煤炭产业适度的发展速度和经济效益的前提下，实现低碳发展的目标？这些都是亟待研究和解决的问题。因此，深刻理解煤炭产业低碳发展系统的运行机制，分析煤炭产业的发展现状，正确评估煤炭产业的发展政策，在评估和反思的基础上，构建煤炭产业低碳发展的整体性战略框架是解决问题的关键。

1.1.2 研究的意义

本研究无论从理论探索还是从实践运行价值上，都具有相应的开创性和前瞻性。

一是在理论上，丰富和发展了产业低碳发展理论。课题重点剖析我国煤炭产业低碳发展系统的结构，通过分析系统内外诸要素对系统的影响及相互制约关系，进一步探讨产业低碳发展机制，并建立用以表征和评估系统发展状态和进程的评价指标体系，是对产业低碳发展理论的有益探索。

二是在实践上，为我国煤炭产业低碳发展路径的选择提供有力的政策依据。以煤为主的能源结构是我国向低碳发展模式转变的长期制约因素，低碳经济的发展目标对我国能源支柱产业——煤炭产业提出了严峻挑战，如何顺利实现低碳发展，不仅关系到煤炭产业自身的生存与发展，更关系到我国碳排放目标的顺利实现。课题运用定性与定量相结合的研究方法，通过建立系统动力学模型并进行计算机仿真模拟，为政府制定更加科学的产业低碳发展规划及阶段性目标，选择更加合理的煤炭产业低碳发展方向和路径提供有力的支持。

1.2 国内外研究现状

1.2.1 产业低碳发展研究

在气候问题备受关注的国际大背景下，国内外关于低碳经济发展问题的研究日趋升温，各国政府以及各个领域的研究学者都从不同方面、不同视角对低碳发展特别是产业低碳发展问题进行了系统性研究，并提出了若干解决方法。Johnston 等（2005）研究认为，通过技术创新可以实现英国住宅业到 2050 年降低 CO_2 排放 60％的目标[1]；Treffers 等（2005）研究了荷兰可持续能源系统的构建问题，认为新能源的快速发展是重中之重[2]；Fuller 等（2010）分析了政府的财政金融支持政策对发展太阳能产业，提高能源效率的重要作用[3]；Coveny（2008）、赵星（2010）分别分析了西方多国电力和石油业低碳发展状况，可借鉴的经验是：积极开发和应用低碳技术；积极参与低碳经济政策制定；做积极的碳管理者，树立负责任的行业（企业）形象[4~5]；庄贵阳（2005）对中国产业低碳发展的途径和潜力进行了分析，认为仅仅依靠技术的自然扩散带来的溢出效益或者商业性的技术贸易是不够的，非常有必要通过制度化的手段，来推进发达国家向发展中国家的技术转让[6]；李海泉、曾鸣（2010）分析了几个低碳电源发电量超过本国电量70％国家的低碳电力发展状况，认为我国应因地制宜，充分利用地域资源，丰富优化发电组合；加强政府对可再生能源等清洁能源投资的干预；大力推进智能电网建设，加强电网互联，促进电力行业的低碳发展[7]；谢克昌（2009）认为在我国发展低碳能源技术势在必行，其实质是可再生能源的开发和化石能源的洁净、高效利用，特别是以煤为主的能源结构和以重化工业为主的产业结构的现状，决定了我国目前发展低碳能源技术的重点在于煤炭的洁净、高效转化利用和节能减排技术[8]；张安华（2010）分析了"哥本哈根会议"对电力工业低碳发展的影响，认为要在现有条件下实现低碳发展，关键是要为生产和消费的低碳化转型提供激励机制，要积极研发和创新洁净煤技术，不断优化促进能效提高的政策措施，大力支持新能源发电的研发和工程化[9]；张玉卓（2008）、沈宝宏等学者（2010）研究了高碳能源低碳化利用问题，提出了高碳能源特别是煤炭的转化前景及方向[10~11]；任力等（2010）研究了"英国低碳转型计划"对中国产业转型的启示，认为我国应调整现有结构，推动产业升级，在条件许可地区推行节能减排；完善低碳经济相关立法，引进碳预算制度；加大对低碳经济的支持力度，部分领域内政府应发挥主导作用；鼓励私人投资低碳领域，借助民间资本搞活低碳经济[12]；杜鹏程、张云龙（2010）认为像煤炭这样的高碳产业，要实现低碳发展，必须依靠先进适用技术，提高资源综合利用效率；不断优化产业结构，走循环经济发展道路；大力推进转型发展，培育绿色经济[13]；胡彪（2010）认为铸造业要实现低碳发展，必须利用CDM机制争取发达国家的资金和技术，加速节能减排技术改造；以循环经济为指导设计铸件的工艺流程；合理优化产业布局，逐步提高产业集中度等[14]。

1.2.2 自组织理论关于复杂经济系统的研究[15-18]

综观国内外研究成果，自组织理论应用于复杂经济系统的研究视角主要包括以下几种。

一是关于系统耗散结构的论证。依据自组织理论定性分析复杂系统的耗散结构特征[19]，Inkpen（2002）认为企业的创新网络是一个动态的发展过程，不可能一直停留在某一个状态，而是一个不断地从不平衡到平衡，再到不平衡的动态演变过程[20]；卞显红（2011）则认为扩散集聚机制在旅游产业集群演化过程中相互依存、相互制约、相互转化，使旅游产业集群从最初的均质无序状态演化为成熟旅游产业集群的有序自组织系统[21]。

二是关于系统自组织演化机制的研究。比较常用的方法是，把既定模型作为原型，研究某系统基于特定条件的自组织演化特性[22]；Rycroft Robert（1998）研究了企业创新网络的动力机制及其形成的过程，认为企业创新网络系统的自组织特性表现为在没有中央控制者的调控下，系统也能够有效融合企业内部各个部门的核心资源和能力，充分发挥出系统的协同效应[23]；蒋同明、刘世庆（2011）通过研究得出结论：区域创新网络的自组织性及耗散性主要表现在各创新主体（即网络节点）与系统所处环境间的相互作用，通过相互作用关系能够促使区域创新网络不断地进行自我调节、自我完善，区域创新网络的形成包含了孕育期、成长期、成熟期三个不同的发展阶段[24]；或者从系统特性出发，通过进行合理假设来建立系统演化方程，并对系统的自组织行为进行定量的研究[25]；Sergio Focardi 等人（2002）通过股票市场模型对市场中两个自组织过程的相互作用进行了定量研究[26]；Johnson 等人（1998）则对自组织市场的动态性、适应性进行了定量分析[27]。

三是关于伺服原理的应用研究。研究思路为：根据系统的特性来确立系统的状态变量，之后建立基于哈肯模型的系统演化方程，进一步确定系统的序参量[28]；或者运用 Logistic 方程描述系统演化过程，选择比较合适的建模方法，比如灰色系统建模法，来对系统序参量进行确立[29]。

四是关于自组织模型的应用研究。一种思路是运用自组织模型的非线性方程对复杂系统的某一个因素进行预测[30]；另一种思路则是采用系统动力学（System Dynamics，SD）方法建立整个复杂系统的自组织模型，通过模型仿真得出系统的演化轨迹，然后对系统的某些要素进行预测分析[31]。

1.2.3 系统动力学的产业发展决策应用研究

Mohsen Assili 等（2008）建立了关于电力市场价格运行的系统动力学模型，模拟分析了不同定价方式对电力市场的影响[32]；Hassan Qudrat Ullah、Behdad Kiani 等（2010）运用 SD 方法分析了伊朗的能源政策以及石油、天然气行业的产销政策系统，对伊朗的能源发展提出了一系列有针对性的政策建议[33~34]；邓永翔等（2007）对江西软件产业发展系统进行了 SD 建模分析，并从地区生产总值、市场需求、技术创新、资产总量等方面进行了仿真分析[35]；孙晓华（2007）则是从技术流、人才流、市场流、资金流四个角度对产业集聚效应进行了 SD 建模分析，研究结论是：以上四流的良性循环正是产业集聚效应形成并不断放大的基础条件[36]；赵玉林等（2009）从企业竞争、技术创新、政府行为、市场需求四个子系统对主导性高技术产业的成长轨迹进行了 SD 建模分析，并对多种发展方案分别进行了系统模拟，提出了相应的对策建议[37]；彭波（2009）运用 SD 建模分析从生产过程、产业营销、技术创新、产业环境等方面对花都汽车产业发展系统进行了研究，从定量分析与定性分析相结合的视角比较全面地揭示了汽车产业发展的内在机制[38]；秦钟等（2008）通过对我国能源消费状况、人口及经济发展现状的分析，运用 SD 建模分析预测了我国的能源需求及 CO_2 排放趋势，提出了我国能源发展、降低 CO_2 排放的对策[39]；李阳等（2010）基于复杂系统理论，从经济、人口、环境之间相互耦合、相互影响的视角，构建了关于水污染问题的 SD 模型，进行了系统仿真研究[40]；秦飞龙等（2010）运用 SD 方法对矿区的资源开发生态经济系统进行了仿真研究，其研究很好地验证了 SD 方法关于生态经济非线性复杂系统研究的适用性，认为对系统的分析及模拟有助于对系统的各个部分进行有效的控制和优化[41]。系统动力学模型被称为社会、经济与生态等复杂大系统的实验室，已被应用于建立世界模型、国家模型以及区域或城市经济发展模型以及产业发展模型，还被应用于企业管理、城市规划、环境与农业的发展和建筑工程管理等方面，应用范围越来越广泛。

1.2.4 低碳经济发展评价体系研究

关于低碳经济特别是产业低碳发展效果评价的研究目前刚刚起步，国内外关于这方面的研究主要集中在以下两点。

（1）低碳经济评价体系研究

国外学者研究了一些特定城市或区域的长期"LCS 情景"（Low Carbon Society），并建立了一系列研究模型，对于区域或某一城市的碳排放趋势进行预测[42~44]；Turnpenny（2004）以英国西部城市为例，建立了应对气候变化的发展模型[45~46]；还有部分学者创新出区域经济社会发展模型，并运用此模型进行城市碳排放状况的研究模拟[47~48]；针对气候变化与政策关系的评估问题，一些学者建立了相关模型，包括全球尺度的[49~51]、国家尺度的[52~54]，越来越广泛地应用于政策的讨论和制定中，被直接应用于政府的降低碳排放的长期规划中，关于技术创新、政策创新等因素对碳减排的作用，一些专家也构建了相关的分析模型[55~56]；指标分解分析是国际上能源与环境问题的政策制定中被广泛接受的一种方法。而在碳排放的分解方面，随着学界研究的不断深入，方法也日渐成熟，主要包括简单平均分解法（Sample Average Division，SAD）、自适应权重分解法（Adaptive Weighting Division，AWD）、对数平均权重分解法（Logarithmic Mean Weight Division Index Method，LMDI）、Kaya 恒等式方法等[57]。国内学者对低碳经济评价体系及评价方法问题也做了不同角度的研究：潘家华、庄贵阳等（2010）认为，需要建立一个包含低碳产出、低碳消费、低碳资源、低碳政策等指标的多维度的综合性评价指标体系，一方面，要能够横向比较各国或经济体离低碳经济目标有多远；另一方面，要能够纵向比较各国或经济体向低碳经济转型的努力程度[58]；付加锋、庄贵阳等（2011）构建了包含目标层、准则层和指标层三个层次的低碳经济评价指标体系，并运用综合评价法进行了实证分析[59]；许涤龙等（2011）从二氧化碳的来源、产生过程和排放之后的搜集与封存角度进行分析，并参考国际上衡量低碳经济发展水平的各种可能指标，将二氧化碳排放强度、人均二氧化碳排放量、二氧化碳能源排放强度、单位 GDP 能耗、单位 GDP 水耗、低碳能源占总能源消耗的比重、工业固体废物综合利用率、森林覆盖率以及生活垃圾无害化处理率作为评价低碳经济的主要指标，建立了低碳经济综合评价体系[60]；郭红卫（2010）根据低碳经济多层面因素的特点，运用模糊综合分析法对低碳经济发展水平进行定量测度[61]。

（2）产业低碳发展评价研究

Yaisawarng（2004）在采用输入型 Malmquist 指数方法研究 20 世纪 90 年代美国煤电企业技术效率、规模收益和累积效率过程中，将二氧化硫等污染物纳入产出指标，并在投入指标中加入了控制污染物排放的成本，以此来评价美国煤电企业低碳经济发展水平[62]；Felix Creutzig 等（2011）建立了交通运输业低碳发展评价体系，研究了国家政策对产业低碳发展水平的影响力[63]；Todd Levin 等（2011）建立了电力行业的 MARKAL 模型，对电力行业低碳发展的影响因素及水平进行了分析评价，并探讨了在满足能源需求和污染物排放限制的条件下，使电力系统成本最小化的供应结构问题[64]；低碳发展与 CO_2 减排密不可分，与碳减排模型类似，低碳发展综合评价模型本质上也是一种"环境—经济"模型，这两者没有本质上的区别。因此，CO_2 减排成本估计模型也是目前国际上使用的对产业低碳发展进行综合评价的主要模型[65~66]；解百臣、徐大鹏等（2010）选择装机容量、劳动力、二氧化碳排放量作为输入指标，将发电量和电力行业工业总产值作为输出指标，运用投入型 Malmquist 指数方法对中国省际发电部门进行了低碳经济评价[67]；贾宏俊等（2012）运用指标值综合合成方法构建了基于建设项目全生命周期的建筑业低碳经济评价体系[68]；吴晓山（2012）参考 Wallace Pierce 和 Lincango Wallace 所提出的生态旅游的评价指标，运用德尔菲法、层次分析法，建立了有关旅游业低碳发展的三级评价指标体系[69]。

1.2.5 文献评述

首先，通过文献梳理可以看出，产业低碳发展研究呈现出一派繁荣的局面，国内外学者对电力、石油、建筑等产业的低碳发展、太阳能等新能源产业的发展、低碳能源技术及低碳发展政策等问题进行了比较广泛的研究，其研究结论对本书的研究具有一定的借鉴作用。但是，产业低碳发展系统是内容复杂、影响因素众多的复杂系统，建立在系统各要素相互作用、相互促进、相互协同基础上的"内在机制"才是其可持续发展的核心动力，已有的关于产业低碳发展的研究没有突破"他组织"的思维框架，无论是对低碳发展影响因素的分析，还是发展目标的设立、发展措施的制定，更多地考虑了政策措施的外在推动作用，基本上都是单方向的分析、定性的研究，没有研究低碳发展系统内部的作用机理，没有考虑要素间的相互作用及反馈，与低碳发展的可持续发展内涵不相符合，对各种政策措施的作用效果无法进行衡量和评价。因此，亟须进行研究方向和研究思路的转移，基于"自组织"的思维框架，从产业低碳发展系统的内在机制出发，分析产业低碳发展系统的自组织演化机理，通过定性与定量相结合的研究方法，分析系统的结构及反馈机制，建立决策模型，通过系统仿真，为低碳发展决策提供科学的依据。

其次，虽然学者们从不同角度，基于自组织理论体系，对复杂经济系统演化的机制展开了相关研究，复杂经济系统的自组织机制研究已较为成熟，但在完整的低碳经济系统特别是产业低碳发展系统体系中对其自组织演化进行研究的成果却没有，一些相关文献往往只从单个因素出发来分析，没有真正建立起一个系统的研究框架，即没有从系统的角度，分析影响产业低碳发展系统演化的各类因素的构成及相互作用的内在机制，对系统的自组织条件、动力与过程的认识并不全面。煤炭产业低碳发展系统是一个复杂的开放系统，系统演化有其自有的规律性，因此，要深入探讨煤炭产业低碳演化机理，必须运用自组织理论的研究思路，对系统的规律探索层次要从宏观向微观转变，分析各微观主体和因素的随机演化过程，以及整个系统的宏观有序现象。

再次，通过文献梳理我们发现，系统动力学是研究复杂系统的有效理论和方法，已被广泛应用于产业发展决策研究，系统动力学的因果关系图可以帮助我们以简单的方式认识系统；流图可以帮助我们构建系统结构的整体框架；方程可以让我们从细节上研究要素之间的定量关系而又不脱离系统整体，而仿真平台可以帮助我们摆脱抽象和复杂的数学推导而利用计算机进行仿真分析。煤炭产业低碳发展系统是一个典型的动态复杂系统，与其他社会经济系统一样，具有明显的层次结构，并较好地遵循因果率；具有多重反馈性和较强的非线性特征；存在时滞和延迟效应等。因此，煤炭产业低碳发展决策研究更加合理的技术路线是以系统分析方法为基础，建立模拟系统运行的动力学模型，通过系统仿真来分析煤炭产业低碳发展的规律，为煤炭产业低碳发展决策提供科学有力的支持。这不仅是产业低碳发展研究思路、模型化方式和研究方法上的创新，而且依据系统动力学仿真结果得出的产业低碳发展机制分析，也将会具有更多创新性的启发。

最后，关于低碳发展评价体系的研究还处于起步阶段，大多数的研究都是对一国或区域低碳发展水平的评价，国外学者多采用低碳经济综合评价模型、"投入—产出"（I—O）模型、动态能源优化模型等，由于不同国家的经济发展水平不同，国外的研究者基于西方发达国家经济发展及碳排放现状建立的研究评价模型，对我们发展中国家的情况并不适用，只能起到一定的参考作用，并且西方学者的研究对产业低碳发展体系关注较少。国内学者关于低碳发展评价指标体系的构建方法主要有层次分析法、物质流分析法、模糊综合评价法、指标值综合合成方法等。要实现对煤炭产业低碳发展系统的有效评价，必须遵循低碳经济理论、自组织理论、复杂系统理论等相关理论要求，围绕低碳经济系统自组织发展这一核心，建立一套具有描述、分析、评价、预测等功能的评估指标体系。由经济合作与发展组织（OECD）和联合国环境规划署基于加拿大"压力—状态"框架发展成的"压力（Pressure）—状态（State）—响应（Response）"（PSR）框架模型，是从指标产生的机理方面着手构建评价指标体系，使用了"原因—效应—响应"的思维逻辑描述可持续发展的调控过程和机理，力求建立压力指标与状态指标间的因果关系，以有效做出响应，PSR 概念模型非常适用于煤炭产业低碳发展评价指标体系的构建。因此，本研究创新性地将 PSR 概念模型和模糊数学综合评价法相结合，构建煤炭产业低碳发展综合评价体系，基于"压力—状态—响应"框架设立指标体系，以模糊综合评价模型为工具，通过模糊关系的运算实现综合评价。

1.3 研究内容及技术路线

1.3.1 破解问题的思路

作为能源支柱产业且具有高碳特征的煤炭产业，在满足社会需求和应对环境问题方面面临着比其他产业更大的压力，煤炭产业首先必须满足经济社会发展对能源的需求，同时，煤炭产业自身又必须实现可持续发展，如何实现二者的统一是煤炭产业面临的重大决策问题。要解决这一问题，首先，必须厘清煤炭产业低碳演化的机理。煤炭产业低碳发展系统是一个复杂系统，系统内部各子系统在序参量支配下的竞争与协同，是系统自组织演化的内在动力。因此，要从系统自组织演化视角，分析系统的自组织特征、系统的序参量、系统的超循环耦合结构，即分析煤炭产业低碳发展系统的自组织条件、动力与过程。其次，运用系统分析的方法研究煤炭产业低碳发展系统的结构。煤炭产业低碳发展系统是一个涉及经济、社会、能源、环境系统的复杂系统，必须以复杂系统分析方法为基础，在系统自组织演化机理分析的基础上，剖析系统的内部结构，建立起逻辑上科学合理的理论结构模型。再次，运用系统动力学方法实现在整体框架下对系统要素之间的联系进行定量的协调和优化。煤炭产业低碳发展系统具有规模性、复杂性和动态性的特征，因此，要在理论分析的基础上，建立模拟系统运行的动力学模型，对不同经济发展情景、不同产业政策措施下的低碳发展状况进行仿真，对各种政策措施的实施过程及效果进行动态模拟，为煤炭产业低碳发展决策提供依据。最后，要保证决策依据的科学有效，必须能够对煤炭产业低碳发展效果做出准确评价。政策分析是一项复杂的系统工程，判断政策方案的优劣需要一个指标体系来评价，为此，必须建立煤炭产业低碳发展综合评价体系，对不同社会经济环境、不同政策措施下的系统模拟效果进行比较分析和评价，为煤炭产业低碳发展系统提供科学的决策支持和具有可操作性的政策建议。机理分析、结构剖析、系统动力学仿真、系统评价四个环节环环相扣，煤炭产业低碳发展的机理分析是整个研究的前提，煤炭产业低碳发展系统结构剖析是整个研究的基础，系统动力学建模与仿真是此项研究的核心，对于煤炭产业低碳发展系统的评价是保障系统研究科学性的有效措施，基本内容如图 1-1 所示。

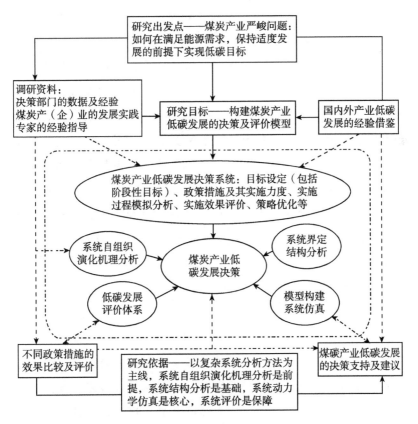

图 1-1　破解问题的思路

1.3.2　主要研究内容

(1) 煤炭产业低碳发展系统自组织演化机理分析

其一,煤炭产业低碳发展系统演化条件。从定性分析的角度,以耗散理论为基础,揭示煤炭产业低碳发展系统自组织演化的前提条件(开放性、非平衡性、非线性),并进一步分析这些特征与自组织之间的相互作用关系。运用熵理论研究系统转化方向,确定系统内部各子系统协调发展的影响因素,并进一步对煤炭产业低碳发展系统的耗散结构特性进行分析。

其二,煤炭产业低碳发展系统演化动力。通过分析系统内部各要素间的竞争和协同关系,建立煤炭产业低碳发展系统协同演化模型,求出决定系统演化方向的序参量,从微观(企业)、中观(产业链)、宏观(经济系统)三个层次出发分析煤炭产业低碳发展系统协同与竞争的动力机制,比如,技术创新与企业低碳能力建设的耦合机制;煤炭生态产业链链内协作与链际演化的内生性;产业聚集度与煤炭产业低碳发展的关系;煤炭产业低碳发展与区域经济的耦合协调性;产业低碳发展与社会责任的耦合机制,等等。

(2) 煤炭产业低碳发展系统结构研究

煤炭产业低碳发展系统是一个涉及经济、社会、能源、环境的复杂系统,在这个复杂系统中,经济发展、煤炭需求、煤炭生产、碳排放、环境压力等相互影响、相互制约,因此,煤炭产业低碳发展系统可以进一步划分为经济发展、煤炭资源开发(生产与转化)、生态环境、社会等子系统。其中,自然资源、低碳技术创新、企业的管理与控制能力、产业集中度、产业链延伸度等都是系统的重要影响因素（即决策控制因素），而经济发展速度、社会责任、产业政策、环境承载力、能源需求、其他相关产业（互补型或替代型）的发展等则是系统的外部影响因素，系统结构分析的重点和目的是构建以系统结构决定系统行为的逻辑结构模型，将其作为构建系统动力学结构模型、实现仿真、形成决策的驱动力。

在系统自组织演化机理分析的基础上，利用德尔菲法、问卷调查法和比较分析法等系统分析方法，对系统内外因素进行进一步的筛选和确定；明确煤炭产业低碳发展系统所处的环境，分析系统内外各要素及要素之间的关联关系，确定各主因素、次因素和更为细化的因素，构建出完整的煤炭产业低碳发展系统组成要素的层次结构模型；以软系统方法为指导，找出系统理论逻辑结构，建立逻辑上的系统结构模型，对系统进行全面的分析和界定。

(3) 煤炭产业低碳发展的系统动力学仿真研究

利用系统动力学方法，在对煤炭产业低碳发展系统内外各要素之间因果反馈关系的确定和描述的基础上，绘制系统关系图，找出能体现"内在自我活力"的核心因果反馈关系，以 Vensim 软件为工具，将因果关系图转换成流图，通过建立状态方程、速率方程和辅助方程，在计算机上对煤炭产业低碳发展的前景、规律以及可能出现的问题进行模拟仿真，得出产业低碳发展的原因树和结果树，模型检验后，进行不同经济发展情境、不同产业政策措施（比如节能技术改造与创新、提高能源转化率、加快煤炭产业链的延伸、促进煤炭资源的整合等）作用下的系统运行模拟，考察各项政策的独立作用和多个政策措施的综合作用结果，通过仿真结果分析煤炭产业低碳发展系统的运行机制及决策机制，并对未来的产业低碳发展趋势进行预测。这将有效避免现实操作中可能出现的、无法挽回的破坏性结果。

（4）煤炭产业低碳发展评价体系研究

产业低碳发展过程复杂，影响因素众多，很多难以量化，并且具有很大的不确定性和模糊性，低碳发展效果评价一直都是一个难题。我们拟根据低碳经济发展的要求和体系构建的原则，利用模糊数学综合评价法和 PSR 概念模型构建一个科学、系统的煤炭产业低碳发展系统评价体系。基于"压力—状态—响应"框架设立指标体系，对于煤炭产业低碳发展评价系统而言，"压力"描述煤炭产业低碳发展目标实现过程中的制约因素，"状态"用于反映目前煤炭产业低碳发展过程中出现的各种问题现状，"响应"用于标明实现低碳发展目标的过程中应该采取的对策。利用系统分析、频度统计和专家咨询相结合的方法设立指标，运用指标鉴别力分析法、指标相关分析法、主成分分析法进行指标的筛选，采用因素成对对比法、层次分析法进行指标权重的确定，采用线性加权法实现指标值综合合成，构建煤炭产业低碳发展综合评价体系。

（5）煤炭产业低碳发展的对策建议研究

在前面系统分析、仿真模拟以及综合评价的基础上，归纳总结各种政策、措施的作用机理和作用效果，借鉴国外产业低碳发展的经验，结合我国煤炭产业低碳发展的实际，从原则、理念、目标、路径、过程、措施等方面提出煤炭产业低碳发展的对策建议，为产业发展政策措施的科学制定和进一步细化提供有力的支持。

1.3.3　技术路线

以复杂系统理论、控制理论、自组织理论为方法论指导，采取理论研究、实际调查、比较分析、系统模拟等为一体的综合方法，进行系统的研究。本研究的方法体系可分为四个层次。

一是系统自组织演化机理研究方法群。主要用来研究煤炭产业低碳发展系统的自组织演化机理，主要包括熵理论、超循环理论及方法、协同学、灰色系统建模方法、哈肯模型、Logistics 方程等。

二是复杂系统分析方法群。主要应用于煤炭产业低碳发展系统的分析与界定过程中。主要包括德尔菲法、社会调查法、比较分析法、鱼骨图法和软系统方法等，这一阶段的研究步骤：以德尔菲法、社会调查法、比较分析法进行要素筛选，以鱼骨图法进行组成要素的层次化，以软系统方法对层次结构模型加以完善。

三是系统动力学方法。主要是利用此方法，研究煤炭产业低碳发展系统在内外因素相互作用基础上发展演进的机制和规律，并根据仿真结果来分析和调整系统内外的影响因素，最终实现预期目标。系统动力学的因果关系图描述系统要素之间的逻辑关系；流图描述系统要素的性质和整体框架；而方程（状态方程、速率方程、辅助方程）可以将系统之间的局部关系量化；仿真平台可以根据项目研究的目的，设计出多种政策方案，进行模拟分析。

四是系统评价方法群。煤炭产业低碳发展系统评价研究分成两部分：其一是建立基于 PSR 概念模型的指标体系，确定各项指标的权重；其二是评价模型的建立。为完成这两项任务，这一阶段采用的研究方法主要是：运用系统分析、频度统计和专家咨询相结合的方法设立指标；运用指标鉴别力分析、指标相关分析、主成分分析法进行指标的筛选；采用因素成对对比法、层次分析法进行指标权重的确定；采用线性加权和法实现指标值综合合成。本项目的技术路线如图 1-2 所示。

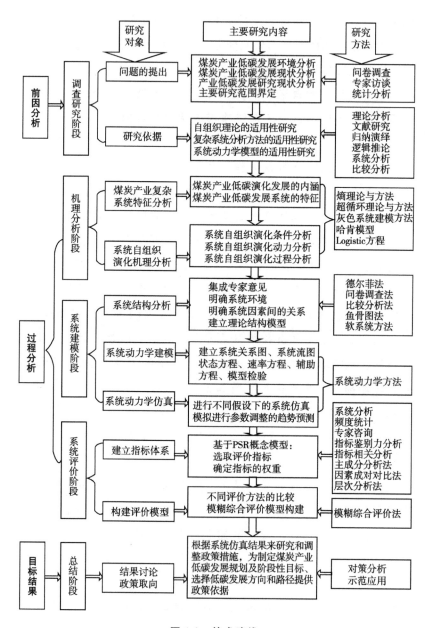

图 1-2 技术路线

第2章 产业低碳发展
研究的理论基础

2.1 低碳经济与可持续发展理论

2.1.1 低碳经济理论

(1) 低碳经济的内涵

所谓低碳经济，是指在可持续发展理念指导下，通过制度创新、产业转型、技术创新、新能源开发利用等多种手段，尽可能地减少煤炭、石油等高碳能源消耗，从而进一步减少温室气体排放，实现经济发展和环境保护双赢的经济发展形态。发展低碳经济，一方面，要积极承担生态环境保护的责任，完成节能降耗各项指标的要求；另一方面，要努力调整经济结构，不断提高能源利用效益，大力发展新兴工业，建设生态文明社会。

低碳经济的本质就是能源的清洁与高效利用，其核心是制度创新、能源发展技术创新以及人类社会发展观念的根本性转变，其最终目标则是促进人类的健康可持续发展。因此，低碳经济就是指依靠有利的政策措施和不断的能源技术创新，实施一场空前的能源革命，建立一种降低温室气体排放的社会经济发展新模式，以减缓全球气候变化的压力。低碳经济的核心内容包括低碳技术、低碳产品的生产与消费以及低碳能源的开发与利用，低碳经济发展的重要条件就是建立低碳技术创新、低碳能源发展及低碳产业结构体系，建立适应低碳经济发展的生产方式和消费模式，构建鼓励低碳发展的法律政策体系和市场运行机制。总之，低碳经济表现出以下几方面的显著特征。

其一，低碳经济是一种经济发展模式。从狭义的低碳经济概念来看，低碳经济的本质就是在不影响经济、社会发展的前提下，从能源的利用入手，促进高碳能源向低碳能源不断演化，应对地球持续变暖的压力，从而避免由此给人类带来的一系列自然灾害。因此，要求全球各国致力于提升能源的利用效率，减少高碳能源的使用比例，增加低碳能源的使用量，促进产品的低碳生产和消费，从而实现控制全球碳排放量的目标。从广义的低碳经济概念来看，低碳经济要求通过更高的投入产出比降低资源的消耗，以实现全人类的可持续发展。低碳经济的发展，需要进行相应的产业结构调整，即大力推动低能耗产业的发展，大力促进高能耗产业的低能耗转型发展，其中的关键在于低碳技术创新。

其二，低碳经济是经济体制变革的大方向。低碳经济的发展体现在经济生活的各个方面，应该制定相应的发展政策，其中包括：建立各种能耗要求标准及减排制度（如关于汽车尾气排放的"欧4"标准）；建立有利于低碳经济发展的税收政策和财政政策（如我国关于对符合低排放标准的产品减免消费税的相关规定）；制定国家低碳经济发展战略（如英国政府出台的能源白皮书）；建立具有国际约束力的相关政策和协议（如联合国发布的气候变化框架公约）等，其中最关键的因素在于制度创新。

其三，低碳经济的发展是人们意识形态转变的重要体现。面对地球环境的日益恶化，人类到底应该如何应对，这是一个深层次的问题，不仅需要人类从人与自然的关系、国与国（人与人）的关系以及基本权利的角度认识资源利用问题，还必须从个人的价值观角度出发对这一系列问题进行深入调适，从而在意识形态上为低碳经济的发展建立牢固坚实的基础。人与自然本来就是一个和谐共生的共同体，因此人类有责任和义务保护好自然，人类也应该有能力自觉地调节我们对待自然的态度，控制我们对待自然的行为，建立人与自然的友好关系，这是经济社会可持续发展对人类的一种前瞻性、预警性的要求。如果我们的世界观和价值观与低碳发展相背离，人类就无法建立起与低碳经济发展相适应的意识形态，就很难进行有效的递延经济制度创新和技术创新，即使有所创新，新的制度和技术的实际运行成本也会大幅度提升，从而难以获得理想的实施效果。

（2）低碳经济的主要研究内容

其一，关于经济发展、能源消费以及碳排放的关系。

全球气候变暖早已经成为一个不争的事实。关于气候变暖的原因，各国政府和科学界也已经达成了基本共识，认为正是人类活动导致了地球大气层中的温室气体（尤其是二氧化碳）的不断增多，带来了全球气候的持续恶化。国际政治层面正是在这一科学共识的背景下做出了重大决策，制定了《联合国气候变化框架公约》（1994 年 3 月 21 日生效）与《京都议定书》（1997 年 12 月京都会议上通过）。低碳经济正是在这种全球应对气候变化的背景下产生，发展低碳经济被视为解决全球气候变化问题的根本出路，也是唯一的出路。

在关于气候变化的原因以及人类活动对气候变化的影响的相关研究中，政府间气候变化委员会（IPCC）发挥了非常关键的作用。从 1990 年开始，政府间气候变化委员会发布了四次评估报告，以此不断加深全球对这一问题的认识[70]，IPCC 2001 年发布的第三次评估报告中明确指出，过去 50 年观测到的大部分地球变暖问题有 66% 以上的可能性归因于人类的活动；2007 年第四次评估报告中进一步指出，人类活动在气候变暖的原因中占有 90% 以上的可能性，也就是说人类活动是气候变暖的主要原因，特别是由化石能源燃烧导致的冰川融化、海平面上升、洪水、干旱、生态系统生命周期的 CO_2 排放等问题，对于全球气候变暖会产生重大的影响，同时强调到 2050 年必须将大气中 CO_2 的浓度控制在一定的范围之内，才有可能避免发生极端的气候变化后果[71]。2006年 10 月，由英国著名经济学家斯特恩主持领导编写的《斯特恩回顾：气候变化经济学》一书，对全球气候变化可能造成的经济损失进行了全面的评估，指出全球气候变化可能是未来能预见的最致命的、影响最广泛的威胁。如果各国政府在未来 10 年内不能及时采取有效行动，全球变暖所带来的经济、社会危机将堪比 20 世纪前半叶曾出现的经济大萧条，全球将为此付出高达 3.68 万亿英镑的经济代价。如果当前以 1% 的 GDP 投入来应对气候变化，就可以避免未来气候变化可能造成的 5%～20% 的 GDP 损失。同时，报告分析了防止全球变暖的成本，认为现在立即采取国际联合行动减少温室气体排放还为时未晚，任何拖延都有可能导致在不久的将来付出更加惨痛的代价[72]。

在环境经济研究领域内，"环境库兹涅茨曲线"（EKC）是衡量环境与经济变量最常用的方法。1991 年，美国经济学家格鲁斯曼等提出了"环境库兹涅茨曲线"的概念，它们认为，一国的环境质量和经济增长一样，也呈现出倒 U 型的曲线关系。此后，关于碳排放与经济增长、能源消费的关系问题逐渐成为全球研究的热点，很多相关的研究成果都有效地证明了二氧化碳排放的 EKC曲线特征。例如，Richmond（2006）通过一系列相关研究得出结论，OCED 国家的环境质量与本国的经济增长存在着 EKC 关系[73]。Huang（2008）分析了十几个经济发达国家的 GDP 和环境质量状况，结果发现有 7 个国家出现了 EKC 关系[74]。也有学者分析了加拿大自 1970 年以来有关人口、科技水平、人均 GDP、碳排放等指标的 30 年的数据，研究表明：科技水平与 CO_2 排放成 U 型曲线关系，人口数量与 CO_2 排放成倒 U 型曲线关系，而人均 GDP 与 CO_2 排放则没有相关性[75~76]。

近年来，国内学者在这方面也进行了大量的实证研究。徐国泉等（2006）运用人均碳排放因素分解模型，对我国碳排放及其影响因素的关系问题进行了实证分析，研究表明，经济发展速度对提高我国人均碳排放的贡献率呈指数增长，而能源结构、能源效率对抑制我国人均碳排放的贡献率均呈现出倒 U 型曲线关系[77]。宋涛等（2007）对我国 1960—2000 年人均 GDP 与人均二氧化碳排放量之间的关系进行了实证分析，研究结果显示，人均 GDP 与人均二氧化碳排放量之间存在长期的协整关系，呈现出了环境库兹涅茨曲线关系[78]。邹秀萍等（2009）运用我国 30 个地区 10 年的面板数据，定量分析了各地区碳排放量与其能源效率、产业结构之间的关系，得出了各地区碳排放量与其经济发展水平存在倒 U 型曲线趋势的结论，而与能源消耗强度呈 U 型曲线关系，与第二产业产值比重呈 N 型曲线关系[79]。

其二，关于碳排放交易机制。

《京都议定书》把碳交易作为解决二氧化碳等温室气体减排问题的新路径，碳交易本质上可以看做低碳经济发展的动力和运行机制。碳排放权交易基于科斯定理，能够消除碳排放的外部性特征，可以更好地发挥市场效率。而在初始排放权分配中，是否具有公平性将直接决定在碳排放权交易过程中各国社会经济福利水平的变化。因此，目前关于碳排放交易机制的研究，主要集中于初始排放权分配的有效性及公平性等方面。

综观国外关于初始排放权分配的研究，主要有按人口、按历史责任、"继承式" 3 种分配原则，按人口分配原则主要基于"享有环境与发展权利时人人平等"的原理；按历史责任分配原则要求那些过去温室气体排放量大的国家现在必须承担主要的削减责任；而"继承式"分配原则却是一种维持现状的分配方式，体现出的是一种"谁排放多谁就会占便宜"的极度不公平。发达国家与发展中国家之间，围绕这些原则展开了激烈的争论，很难达成一致。一些专家学者提出了相应的解决办法。有的学者（1992）建议采用"混合型"分配原则，此原则的主要内涵就是初始排放权分配时，一部分按照一国的人口数进行分配[80]；Smith、Ahuja、Swisher（1993）则认为在进行初始碳排放权的分配时，要实现碳排放权公平，一是必须考虑一国的支付能力，二是必须考虑基于人均累计排放量的责任指数[81]。

综观国内学者关于碳排放权分配问题机制的研究，有的学者主张按照人口指标进行分配，有的学者主张按照 GDP 指标进行分配，另有一些学者则主张将人口指标和 GDP 指标相结合，基于组合指标来分配。陈文颖等（1998）认为，比较理想的碳排放权分配方法应该是将人均碳排放量作为基准指标，同时还应考虑 GDP 碳排放强度，这样才能够有效兼顾公平、效率以及收益[82]。而有的学者则认为，碳排放权的分配要想真正实现公平，更应该考虑到国内不同收入群体的权益，特别是要重点维护好低收入群体的权益，他认为碳排放权应该分为不同的类型：第一类是基本需求的排放权；第二类是部分可贸易的排放权；第三类则是完全可贸易的排放权[83]。2009 年，潘家华提出了"基于人际公平的碳排放"的概念，他认为碳排放权的分配应该考虑不同国家在历史发展进程中所处的阶段、历史责任，以及未来的发展需求。发达国家已经实现了工业化，并且在实现工业化的过程中，产生了大量的碳排放，因此，现在必须承担更大的减排责任，而发展中国家仍然处于工业化发展的过程当中，经济发展在相当长的时期内仍然需要更多的碳排放空间，因此发展中国家和发达国家不能承担同样多的碳排放责任[84]。

其三，关于碳减排的机制和方法。

低碳经济发展的最终目标和有效途径就是完全切断经济增长与碳排放之间的联系。因此，国外很多学者对如何将 GDP 与碳排放实现完全脱钩这一问题进行了深入研究，并且建立了一系列验证脱钩程度的指标体系，以此来判断一个国家减排政策的实施效果，并且分析了哪些重要因素影响了一国 GDP 与碳排放的脱钩。当然，建立的脱钩指标体系存在着诸多缺陷，比如指标体系的建立没有具体考虑每一国家的实际情况，无法与环境容量建立紧密的联系，指标的设立也会受到一国初始环境压力水平的影响等[85]，在诸多研究成果当中，比较著名的是 Tapio（2005）的研究，他建立了基于碳排放的压力、驱动力、状态、反应 4 个层次的系统框架，构建了相应的脱钩指标体系，以此来衡量一个国家经济增长与碳减排脱钩的程度，设置了不同的程度等级：如果一国的 GDP 增长率和碳排放增长率呈现出不平行现象，即为"脱钩"；若 GDP 增长率高于碳排放增长率，则是"相对脱钩"；若经济处于稳定增长状态，而碳排放量反而减少，就是"绝对脱钩"[86]。

越来越多的国内学者开始重视使用一些基于大量分析数据的综合模型（动态综合评估模型、碳减排—能源消费关联模型等）来研究经济增长与碳减排的关系。陈文颖等（2004）深入研究了二氧化碳减排对我国能源系统产生的影响，并且运用 MARKAL—MACRO 模型进行了定量分析和论证[87]。有学者（2008）分析了经济部门能源代谢系统的结构和特征，建立了系统动力学模型并进行了系统仿真模拟，研究结果显示，我国碳排放的快速增长期从 2005 年开始，将会一直持续到 2025 年，最终的高峰期是在 2040 年，随着社会经济的发展，工业化、城镇化进程的加快，我国的碳减排压力将会不断加大。因此，全社会各个经济部门都有积极采取碳减排措施的责任和义务[88]。姜克隽等（2009）利用IPAC 模型对我国未来的能源发展及碳排放情景进行了分析，进一步探讨了要顺利实现 2050 年的碳减排目标，必须进行碳减排技术的变革与创新，必须制定完善科学的低碳发展战略和发展措施[89]。

其四，关于低碳经济的发展路径。

西方发达国家发展低碳经济，主要涉及了如下领域：基于低碳经济思想构建产业结构，促进各产业的低碳发展；不断地进行能源结构的优化，大力发展新型能源；培育低碳技术的创新环境和创新体系，促进节能减排技术的发展；通过金融创新为低碳经济发展提供有力的支持；通过多种形式的宣传途径，在全社会倡导低碳生活。

近年来，我国学者借鉴了西方国家低碳经济发展的成功经验，从不同视角提出了一些适合我国国情的低碳经济发展策略。吴垠（2009）认为，低碳经济背景下的产业革命本质上就是对现有产业制度的创新，创新的核心就是改善高碳产业结构和高碳产业链条（高碳经济环境下产业制度的两个维度）。具体地，逐步降低高碳产业在整个国民经济中的比重，缩短能源、钢铁、交通、汽车、化工、建材等高碳产业的产业链条，将上、下游产业链"低碳化"或者降低其 GDP 的碳强度[90]。有学者认为，要实现低碳经济，必须大力发展低碳能源，因此，我们可以通过能源经济革命完成低碳经济发展目标[91]。学者胡兆光（2009）认为，发展低碳能源其实就是一种寻求帕累托改进的过程，就是在保证经济持续稳定增长的前提下，最大限度地减少能源需求和温室气体排放，一是要充分运用市场"看不见的手"的调节机制；二是要适时发挥政府的政策引导作用；三是要科学运用行政手段、法律手段的规制作用，不断地优化能源结构，不断提高能源利用效率，实现经济发展和环境保护的双重目标[92]。有学者认为，全球各国实行的应对气候变化的政策工具主要包括管制手段、财税手段、排放权交易等，我国亟须进行财税及公共支出体系的政策创新，以促进低碳经济的发展[93]。李建建等（2009）研究认为，低碳经济的发展催生出一种新的金融交易模式——碳金融，主要指服务于限制温室气体排放等技术和项目的直接投融资、碳权交易和银行贷款等金融活动。对于我们国家来说，要想在未来的碳金融市场拥有话语权，必须尽快制定碳交易发展战略，尽快构建碳交易市场[94]。管清友（2009）则分析了碳货币主导权的重要意义，所谓碳货币，就是指一国实际的碳排放量低于分配的碳排放指标量，从而产生的"节约量"，相当于该国的一笔额外财富。一些国家的节能减排技术比较落后，但是经济的发展对能源具有较强的需求，对于这些国家来说，工业要快速发展，能源消耗就会增加，就会产生更大的碳排放量，必须购买其他国家的碳货币，这样势必造成本国国家财富的流失[95]。任力（2009）研究了低碳技术创新问题，他认为决定我国低碳经济发展的关键因素之一就是低碳技术的创新能力，亟须创新的低碳技术包括节能和清洁能源技术、资源勘探开发技术、可再生能源技术、碳捕集和封存技术等[96]。王文军（2009）认为，低碳技术创新应该是一种"立体式"发展模式，必须在污染源头开始治理，对生产环节进行全程控制，对产品的能耗与污染控制进行有效的目标管理[97]。关于低碳消费与低碳生活的研究，陈晓春等（2009）关于低碳消费的研究结果是，低碳经济发展的基础是全社会的低碳消费理念，而我国的消费者这方面的意识还是比较薄弱，因此，政府以及社会组织应该通过多种形式加大宣传力度，引导广大消费者进行科学合理的消费，实现低碳生活，同时，通过一系列鼓励政策和措施促进环保企业的快速发展，积极引导企业实现低碳生产和低碳消费[98]。

2.1.2 可持续发展理论

(1) 可持续发展思想溯源

可持续发展理论的形成过程比较漫长。20 世纪五六十年代，经济增长、城市化、人口、资源等所形成的环境压力日益增大，人们开始对"增长＝发展"的经济发展模式产生了很多怀疑，并由此引发了关于这一问题的关注、思考。1962 年，美国著名的生物学家莱切尔·卡逊（Rachel Carson）发表了她的科普著作《寂静的春天》。在书中，作者形象地描述了一幅由农药污染所带来的可怕景象，惊呼我们将会失去明媚的春天，这一著作在世界范围内引起了巨大的轰动，进而引发了全球关于发展观念和发展模式的大讨论。十年之后，美国两位著名学者巴巴拉·沃德（Barbara Ward）和雷内·杜博斯（Rene Dubos）的著作《只有一个地球》问世，这本享誉全球的著作一下子就把人类对生存与环境的认识推向了可持续发展的新境界。紧接着，罗马俱乐部又发表了著名的研究报告《增长的极限》（*The Limits to Growth*），报告中非常明确地提出了"持续增长"和"合理持久的均衡发展"等概念。1987 年，联合国世界与环境发展委员会（WCED）在其报告《我们共同的未来》中，正式提出了"可持续发展"这一新概念，报告以可持续发展为主题，全面论述了人类共同关心的环境与发展问题，引起了国际社会的热切关注和极大重视。1992 年，在联合国环境与发展大会上，可持续发展要领得到了与会者的共识与普遍承认。

在可持续发展理论形成、发展的历程中，发达国家与发展中国家对于这一问题的认知空前的一致，这也是 20 世纪在发达国家和发展中国家之间关于国际问题的讨论中绝无仅有的现象。当然，目前我们也看到，可持续发展的理论和思想更多的还是在发达国家得到了一定的探索与实践，可持续发展理念和实践在全球范围内推进依然面临着重重困难和阻碍。其一，可持续发展的最大阻力来自国家间发展的不平衡。两次工业革命使得发达国家不仅获取了经济上的优势，而且在资源的占有、消费方面也达到了近乎奢侈的地步。根据经合组织的统计，美国的年人均能源消费量是全球平均水平的 5 倍之多，发达国家在充分享有了工业革命的利益之后，力图逃避其对全球环境问题应该承担的责任，这已经成为全球可持续发展道路上最大的绊脚石。2000 年，在海牙《联合国气候变化框架公约》缔约方大会上，因为个别发达国家的极力阻挠，最终协议未能达成，为框架公约的贯彻前景蒙上了阴影。其二，广大发展中国家拥有追求国家进步和经济发展、提高国民生活水平的权利，并且这一权利神圣不可剥夺。但是，发展中国家的未来发展之路是否应该步发达国家之后尘，这也成为实现可持续发展道路上的问题和困惑。以美国为代表的大量占有、消费自然资源、大量排放污染的发展模式是否应该被广大发展中国家效仿，这已经成为发展中国家、发达国家共同思考与探讨的热点问题。

（2）影响较大的几种可持续发展概念

其一，基于自然属性的可持续发展。生态学家首先提出了持续性这一概念，这里的持续性就是指生态持续性，生态持续性主要说明自然资源与其开发利用程度之间的平衡关系。1991 年 11 月，在国际生态学协会和国际生物科学联合会联合举行的关于可持续发展问题的专题研讨会上，一系列丰硕的研究成果，大大深化了可持续发展概念的自然属性，会议将可持续发展定义为"保护和加强环境系统的生产和更新能力"。这是从生物圈概念出发定义可持续发展，更是基于自然属性来界定可持续发展内涵的一种典型代表，基于自然属性的可持续发展理论认为，可持续发展就是寻求一种最佳的生态系统以实现生态的完整性，并支持人类愿望的实现，使人类的生存环境得以很好地持续。

其二，基于社会属性的可持续发展。世界自然保护同盟、联合国环境规划署、世界野生生物基金会 1991 年共同发表了《保护地球——可持续生存战略》（以下简称《生存战略》），《生存战略》中给出了可持续发展的定义，可持续发展就是"在不超出生态系统涵容能力的前提下，努力提高人类的生存质量"，同时《生存战略》中提出了可持续发展的基本原则，首先强调了人类的生产、生活方式一定要与地球的承载能力保持平衡，注意保护地球的生命力，保护生物的多样性，同时，也提出了人类可持续发展的价值观以及行动方案，着重强调了可持续发展的最终落脚点一定是人类社会，也就是可持续发展的最终目标是提高人类生活质量，创造更加美好的人类生活环境。《生存战略》也指出，世界各国应该根据自身的国情制订符合自己国家国情的发展目标，但是，《生存战略》特别对可持续发展的"发展"内涵进行了解释，在"发展"的内涵中必须包括提高人类生活质量、获得必需生活资源的有效途径，创造一个人人自由、平等、人权得到保障的生存环境，只有使人类的生活在各方面都能得到有效改善的"发展"，才是人类追求的真正的可持续发展。

其三，基于经济属性的可持续发展。从经济属性对可持续发展的定义有很多表达方式，其共同点是都认为经济发展是可持续发展的核心。Edward B. Barbier 在他的著作《经济、自然资源、不足和发展》中，把可持续发展定义为"在保持自然资源的质量和其所提供服务的前提下，使经济发展的净利益增加到最大限度"。也有学者认为，可持续发展的核心内涵是"当今的资源利用不能以减少未来的收入为代价"。可以看出，可持续发展定义中的经济发展已经不再是传统意义上的以牺牲环境与资源为代价的经济发展，而是以不破坏自然资源、不降低环境质量为前提的经济发展。

其四，基于科技属性的可持续发展。可持续发展的有效实施除了依赖国家的管理及政策支持外，科技进步与创新发挥着举足轻重的作用。可以说，如果没有科技创新的支持，就没有人类的可持续发展。因此，有学者从技术选择的视角给出了可持续发展的概念，认为可持续发展是利用更加清洁、有效的技术，采用尽可能接近"零排放"的工艺和方法，从而尽可能减少能源及其他自然资源的消耗。有的学者认为，污染并不是工业活动不可避免的结果，而是工业生产效率低、技术差的突出表现，可持续发展就是建立极少产生废料和污染物的工艺或技术系统。

（3）可持续发展的核心内容

可持续发展的具体内容包括可持续经济、可持续社会、可持续生态这三方面内容的协调统一，可持续发展要求人类在发展的过程中必须兼顾经济效率、生态和谐以及社会公平，最终实现人的全面发展。因此，可持续发展的概念虽然因为环境保护问题的出现而诞生，但是，它已经远远超越了单纯的环境保护问题，而是将环境保护问题与人类发展问题有机地结合在一起，成为指导人类发展的新理论，可持续发展已经成为关于社会经济发展的一个全面性发展战略。它的具体内容包括以下方面。

其一，经济可持续发展。经济发展是国家实力和社会财富的基础，可持续发展的宗旨仍然是鼓励经济增长，绝不是以环境保护为名阻碍甚至取消经济增长。但是，可持续发展不仅重视经济增长的数量，更追求经济发展的质量。可持续发展要求改变传统的以"高投入、高消耗、高污染"为特征的生产模式和消费模式，实施清洁生产和文明消费，以提高经济活动中的效益、节约资源和减少废物，因此，可以说集约型的经济增长方式就是可持续发展在经济方面的体现。

其二，生态可持续发展。可持续发展追求的是经济发展、社会发展与自然承载能力的协调与平衡，经济、社会发展的同时必须注意对生态环境的保护和改善，必须保证自然资源使用的可持续性，必须将人类的发展控制在地球承载能力范围之内。因此，可持续发展强调发展是有限制的，如果没有了限制就失去了发展的持续性。生态可持续发展强调的就是环境保护问题，但是与以往将环境保护与社会经济发展相对立的做法不同，可持续发展强调的是通过转变发展模式，从根本上解决生态环境问题。

其三，社会可持续发展。可持续发展将社会公平视为环境保护得以实现的机制和目标。世界各国处于不同的发展阶段，拥有各自不同的具体发展目标，但是，可持续发展的本质却是一致的，即提高人类的生活质量和水平，创造一个人人自由、平等、人权得到保障、消除暴力的美好的社会环境。也就是说，在人类可持续发展的大系统中，经济可持续发展是坚实基础，生态可持续发展是必要条件，社会可持续发展才是最终目的，接下来，人类的共同目标应该是追求以人为本的自然、经济、社会复合大系统的持续、健康、稳定、和谐发展。

可持续发展是一个综合性、交叉性的科学研究领域，它涉及了众多的学科，因此对于它的研究可以从不同的视角展开。比如，经济学家主要从经济方面理解把握可持续发展的内涵，认为可持续发展是在保护自然资源质量及其持久供应能力的前提下，使经济增长的净利益增加到最大限度；生态学家着重从自然方面把握可持续发展，认为可持续发展是不超越生态环境承载能力的人类社会的健康发展；社会学家则是从社会角度理解可持续发展，认为可持续发展是在不超出生态系统涵容能力的情况下，尽可能地提高人类的生活质量和水平；科技工作者则更多地从技术角度把握可持续发展，把可持续发展理解为建立极少产生废料和污染物的绿色工艺或技术系统。

2.2　自组织理论

2.2.1　自组织理论的溯源

自组织理论（Self-organizing Theory）是 20 世纪 60 年代末期开始建立并发展起来的一种系统理论，是对美籍奥地利人、理论生物学家贝塔朗菲（L. Von Bertalanfy）系统论的进一步发展。贝塔朗菲在 1932 年发表了"抗体系统论"，提出了系统论的思想。1937 年，他总结出了一般系统论原理，于 1945 年公开发表了论文《关于一般系统论》，奠定了这门科学的理论基础。而 1968 年贝塔朗菲发表的专著《一般系统理论基础、发展和应用》，则确立了系统论的学术地位，这本书被公认为系统论的代表作。

自组织理论的快速发展出现在 1970 年以后，这一时期，诞生了一大批关于自组织理论研究的学派，比如哈肯、普利高津、托姆、艾根等，各个学派都分别在不同的领域对自组织现象和规律进行研究，提出了超循环理论、协同论、耗散结构理论、突变论等理论。

关于自组织理论思想的渊源，我们却可以追溯到古代圣贤那里。《易经》是儒家思想的经典著作之一，是中国传统思想文化中自然哲学与人文实践的理论根源。《易经》中"有天地，然后万物生焉"，"是故，易有太极，是生两仪，两仪生四象，四象生八卦"，说的是自然界中的万物都是由天地交互而生成的，万物的生成轨迹则是：先由混沌的太极生出阴阳，阴阳又生成太阳、太阴、少阳、少阴四种形象，最后再由四象生成事物的各种具体的形象。这段话的意思是指浩瀚宇宙间的一切事物和现象都包含着阴和阳、表与里两面，这两面之间存在着既相互对立斗争又相互滋生依存的关系，这是世间万物产生与毁灭的根源，是整个物质世界发展的一般规律，其实这与自组织思想异曲同工。

关于自然界生物系统自组织演化规律的揭示，最典型的就是达尔文的生物进化论。达尔文认为，自然界的生物之间存在着生存争斗，适应者就会生存下来，不适者则会被淘汰，这就是自然的选择。生物正是通过遗传、变异、自然选择，从低级到高级，从简单到复杂，种类由少到多地进化着、发展着。达尔文进化论以自然选择为核心，第一次对整个生物界的发生、发展，做出了唯物的、规律性的解释，推翻唯心主义形而上学在生物学中的统治地位，使生物学发生了一个革命性的变革。

关于社会系统自组织演化规律的研究，在马克思的社会形态演化理论中得到了很好的体现。马克思在他的《政治经济学批判》序言中有这样一段话："大体来说，亚细亚的、古代的、封建的和现代资产阶级的生产方式可以看做经济的社会形态演进的几个时代。"马克思的这种社会发展思想和观点，经过后人的不断发展，形成了社会发展五形态理论（原始社会、奴隶社会、封建社会、资本主义社会、共产主义社会），理论中强调了社会生产关系和生产力之间的矛盾关系是推动社会发展演进的主要动力。

2.2.2 自组织理论的主要内容

自组织理论的研究对象主要是诸如生命系统、社会系统等复杂自组织系统的形成和发展机制问题，即在一定条件下，系统是如何自动地由无序走向有序，由低级有序走向高级有序的。

（1）耗散结构理论

耗散结构理论主要研究系统与外部环境之间物质与能量的交换关系及其对自组织系统的影响等问题。当一个远离平衡状态的开放系统（相对于孤立系统而言，孤立系统是指与外界环境没有任何方面的交换，不受外部环境影响的系统），比如社会系统、经济系统、生物系统等，不断地与外界环境进行能量、物质及信息的交换，当外界条件的变化达到一定阈值时，该系统就会从原来的无序状态转变为有序状态，这种有序状态就是"耗散结构"，即建立在与环境发生物质、能量、信息交换关系基础上的结构就是耗散结构。而系统的开放性、远离平衡态、系统内不同要素间存在非线性机制、系统的涨落是耗散结构产生的 4 个基本条件。

系统的开放性是指系统总是存在于一定环境之中，并且与作为环境的其他系统进行着物质、能量、信息的交换。在这种交换中，系统经历着从低级向高级、从简单到复杂、从无序向有序的不断优化的动态发展过程。关于系统的有序程度，热力学第二定律用"熵"来进行描述，熵是体系的状态函数，其值与达到状态的过程无关，系统越有序，系统的熵值越小；系统越无序，则系统的熵值越大。由于开放系统能够不断地与外界环境之间进行物质、能量的交换，因此，开放系统可以不断从外界吸收负熵，这些负熵不断地抵消系统的正熵，从而使得系统的总熵值降低，促使系统不断地从无序状态向有序状态演化。

平衡态是指系统各处可测的宏观物理性质均匀（从而系统内部没有宏观不可逆过程）的状态，它遵守热力学第二定律，即系统的自发运动总是向着熵增加的方向。近平衡态是指系统处于离平衡态不远的线性区，它遵守昂萨格（Onsager）倒易关系和最小熵产生原理。远离平衡态是相对于平衡态和近平衡态而言的。远离平衡态是指系统内可测的物理性质极不均匀的状态，这时其热力学行为与用最小熵产生原理所预言的行为可能非常不同，甚至完全相反，系统走向一个高熵产生的、宏观上有序的状态。虽然我们周围有很多的开放系统，但是，大部分开放系统都处于平衡态或者近平衡态，如果系统要自发地形成有序状态，必须在外界的刺激下远离平衡态或近平衡态。

形成耗散结构另一个必需的基本特性就是系统内不同要素间存在非线性机制。系统的线性相互作用是指系统各要素的相互作用之和正好等于系统的作用总和，即$1+1=2$，而系统的非线性作用就是指系统各要素的作用之和不等于系统的作用总和，即$1+1\neq2$。这种相互作用会使系统各要素之间产生相干效应和协调动作，促使系统在不稳定的状态下重新回到新的稳定有序的系统结构。另外，由于各要素之间的关系是非线性的，因此，只能用非线性方程来描述系统的运动状态。

对于由大量子系统组成的复杂系统，其可测的宏观量是众多子系统的统计平均效应的反映。但系统在每一时刻的实际测度并不都精确地处于这些平均值上，而是或多或少会有一些偏差，这些偏差就叫涨落，涨落是偶然的、杂乱无章的、随机的。在正常情况下，由于热力学系统相对于其子系统来说非常大，这时涨落相对于平均值是很小的，即使偶尔有大的涨落也会立即耗散掉，系统总要回到平均值附近，这些涨落不会对宏观的实际测量产生影响，因而可以被忽略掉。然而，在临界点（即所谓阈值）附近，情况就大不相同了，这时涨落可能不自生自灭，而是被不稳定的系统放大，最后促使系统达到新的宏观状态。当在临界点处系统内部的关联作用产生相干运动时，反映系统动力学机制的非线性方程具有多重解的可能性，自然地提出了在不同结果之间进行选择的问题，这时瞬间的涨落和扰动造成的偶然性都将支配这种选择方式，因此，在非平衡系统具有了形成有序结构的宏观条件后，涨落对实现某种序将起到决定作用。

（2）超循环理论

超循环（Hypercycle）理论由德国科学家艾根（Manfred Eigen）于1971年提出，并于1977年出版了《超循环：自然界的一个自组织原理》一书，将自组织理论在分子生物学领域进行了进一步的发展，此书被认为是超循环理论的奠基性著作。

艾根把生物化学中的循环现象划分为三个层次：第一个层次为反应循环，此循环中包含了反应物、产物和催化剂，特点是催化剂经过一个循环能够再生出来，它是一个自我再生的过程；第二个层次为催化循环，特点是系统反应的中间产物可以作为系统的催化剂，实际上是一个自我复制的过程；第三个层次为超循环，系统反应的中间物本身就是自复制单元，具有双重催化功能，在自身复制的同时，还能够催化下一个中间物的产生，超循环的特点是，不仅能自我再生复制，而且能够自我选择优化，促使系统不断地向更高的有序状态进化和发展。在生命现象中就包含着由酶的催化作用推动的各种循环，比如，由核算编码形成了蛋白质高度有序的功能，而蛋白质的催化作用也促使了核算的复制和翻译，二者之间是一种相互依赖、相互作用的关系，这就是一种循环关系，而酶的自体催化和异体催化作用，推动着各种不同层次的循环活动，就形成一种递进不已的复合的超循环关系。

超循环自组织系统的结构和功能都是优化的，这种系统具有非常强大的自复制能力，同时，超循环自组织系统又具有超强的生长能力。在自复制的基础上，借助于自我循环之间的耦合关联作用，发展到更高层次的循环，或者实现更高程度的自复制，成为一个既能复制保持自身，又能生长发展自身的优化系统。超循环结构存在进化的前提条件是：要有足够的负熵流推动系统结构的新陈代谢，要有强大的自复制能力使得系统的信息得以积累和遗传，具有系统耦合机制保证系统结构的存在与发展。

（3）协同学理论

协同学（Synergetics）是 20 世纪 70 年代以来在多学科研究基础上逐渐形成和发展起来的一门新兴学科，是系统科学的重要理论分支，其创立者是联邦德国斯图加特大学教授、著名物理学家哈肯（Hermann Haken）。哈肯于 1971 年提出了协同的概念，1976 年系统地论述了协同理论，并发表了《协同学导论》《高等协同学》等著作。哈肯之所以把这个学科称为"协同学"，一方面是因为这一学科的研究对象是由许多子系统的联合作用而产生的宏观尺度上的系统结构和功能；另一方面是因为这一学科是通过许多不同学科的相互协作来研究自组织系统一般原理的。

协同学主要研究远离平衡态的开放系统在与外界有物质或能量交换的情况下，如何通过自己内部的协同作用，自发地出现时间、空间和功能上的有序结构。协同论以系统论、信息论、控制论、突变论等为基础，吸取了耗散结构理论的大量营养，采用统计学和动力学相结合的方法，通过对多领域的分析，提出了多维空间理论，建立了一整套数学模型和处理方案，描述了各种系统和现象中从无序到有序转变的共同规律。

协同学理论认为，千差万别的各种系统虽然具有不同的属性，但是在整个大环境系统中，各个系统之间存在着相互依赖、相互影响、相互合作的关系，协同学就是研究从自然界到人类社会各种系统发展演变的共同规律。应用协同学方法，可以把已经取得的研究成果，类比拓展于其他学科，为探索未知领域提供有效的方法手段，还可以用于找出影响系统变化的控制因素，进而发挥系统内子系统间的协同作用。

哈肯在协同学理论中描述了临界点附近的行为，阐述了序参量的概念，序参量是协同学的核心概念，是指在系统演化过程中从无到有的变化，影响着系统各要素由一种相变状态转化为另一种相变状态的集体协同行为，并能指示出新结构形成的参量。哈肯认为事物的演化都受序参量的控制，演化的最终结构和有序程度决定于序参量。不同的系统，序参量的物理意义也不同，比如，光场强度是激光系统的序参量，浓度或粒子数为化学反应系统的序参量，而在社会学和管理学中，为了描述宏观量，经常采用测验、调研或投票表决等方式来反映对某项"意见"的反对或赞同。此时，反对或赞同的人数就可作为序参量。序参量的大小可以用来标志系统宏观有序的程度，当系统是无序时，序参量为零。当外界条件变化时，序参量也变化，当到达临界点时，序参量达到最大值，此时就会出现一种宏观有序的有组织的结构。

（4）突变理论

突变理论（Catastrophic Change）的诞生，以法国数学家勒内·托姆（René Thom）于 1972 年出版的《结构稳定性和形态发生学》一书的问世为标志。勒内·托姆将系统内部状态的整体性"突跃"称为突变，其特点是过程连续而结果不连续，突变理论可以被用来认识和预测复杂的系统行为。

突变理论研究的是从一种稳定状态跃迁到另一种稳定状态的现象和规律。勒内·托姆指出，自然界或人类社会中任何一种运动状态，都有稳定态和非稳定态之分，在微小的偶然扰动因素作用下，仍然能够保持原来状态的是稳定态；而一旦受到微扰就迅速离开原来状态的则是非稳定态，稳定态与非稳定态是相互交错的，非线性系统从某一个稳定态（平衡态）到另一个稳定态的转化，则是以突变形式发生的。

突变理论的核心思想有助于人们理解系统变化和系统中断。如果系统处于休止状态（即系统没有发生变化），它就会趋向于获得一种理想的稳定状态，或者说至少处在某种定义的状态范围内。当系统受到外界变化力量作用时，起初系统会试图通过反作用来吸收外界压力，如果做到，系统随之将恢复原先的理想状态。如果外界变化力量过于强大，而不可能被系统完全吸收，此时，突变就会发生，系统随之进入另一种新的稳定状态，或另一种状态范围。在这一过程中，系统不可能通过连续性的方式回到原来的稳定状态。

突变理论是用形象的数学模型来描述连续性行动突然中断导致质变的过程，这一理论与混沌理论（Chaos Theory）相关，尽管它们是两个完全独立的理论，但现在突变理论被普遍视作混沌理论的一部分。突变理论作为研究系统有序演化的有效工具，能较好地解释或预测自然界和社会上的突然现象，在数学、物理学、化学、生物学、工程技术、社会科学等方面都有着广阔的应用前景。

自组织理论是一个综合性的理论体系，除了耗散结构理论、超循环理论、协同学理论、突变理论外，还包含了分形学、混沌学等分支，耗散结构理论主要研究的是系统自组织演化的条件，超循环理论主要研究的是系统自组织演化的形式，协同学理论主要揭示系统自组织演化的内在动力，突变理论则分析了系统自组织演化的途径，这四种理论涵盖了自组织理论的核心研究内容，是自组织理论的精髓。

2.3 系统动力学

2.3.1 系统动力学的概念及特征

美国麻省理工学院的福瑞斯特（Forrester）教授 1956 年创立了系统动力学（System Dynamics，SD），1961 年，福瑞斯特发表的《工业动力学》（*Industrial Dynamics*）成为系统动力学的经典著作。系统动力学方法是一种以反馈控制理论为基础，以计算机仿真技术为手段，通常用以研究复杂的社会经济系统的定量分析方法，是一门集系统论、控制论、信息论知识为一体，将自然科学和社会科学有效综合的横向交叉学科。从方法论的视角分析，系统动力学是结构的方法、功能的方法、历史的方法的有机统一。

系统动力学的基本概念包括：①因果反馈。如果事件 E（原因）引起事件 F（结果），E F 便形成因果关系。若 E 增加引起 F 增加，则 E F 构成正因果关系；若 E 减少引起 F 减少，则 E F 构成负因果关系。两个以上因果关系链首尾相连就构成了反馈回路，也分为正反馈回路、负反馈回路。②积累。系统动力学方法将社会经济状态变化看做由许多参变量组成的一种流，通过对流的研究来了解掌握系统的性质和运动规律。流的规程量就是"积累"，用来描述系统的状态，系统输入/输出流量之差就是积累增量。"流率"表述的是流的活动状态，也称为决策函数，积累则是流的结果。任何决策过程都可以用流的反馈回路来进行描述。③流图。流图由"积累""流率""物质流""信息流"等符号构成，可以比较直观、形象地反映系统的结构和动态特征。④延迟。任何决策实施都需要一定时间，把这种现象称为延迟。因为在流图上不容易表述，所以通常是用计算机程序中的延迟指令来实现。⑤仿真语言。系统设计了 DYNAMO 专用仿真语言，设置了 20 多种函数，只要向系统输入系统动力学方程和必要的参数，系统就可以向用户提供仿真结果。

系统动力学是一种研究复杂经济系统、社会系统的定量研究方法，它以反馈控制理论为基础，以计算机仿真技术为手段，自创立以来，已经非常成功地运用于世界、国家、地区、企业等各个规模的战略决策分析之中，被称为"战略与决策实验室"[99]。系统动力学模型本质上就是带时间滞后的一阶差微分方程，建模的时候需要借助于"流图"，其中的"流率""积累"以及其他辅助变量都具有非常明显的物理意义，与其他研究方法和模型相比，系统动力学具有下列特点。

第一，系统动力学适用于研究长期性和周期性的问题。例如人的生命周期、自然界的生态平衡、社会问题中的经济危机等都呈现出周期性特征，并需要通过比较长的时间段来观察研究，系统动力学模型已经被广泛运用于这些领域，并成功地对其运行机制做出了较为科学的解释。

第二，系统动力学适用于研究那些数据不足的系统。特别是在研究经济社会等复杂大系统的时候，常常会遇到系统可获得的数据资料不足，或者是系统中的某些数据很难进行量化处理，系统动力学能够通过对系统各要素因果关系的分析，借助于系统有限的数据以及对系统的结构分析，建立起有效的动力学模型，对整个系统进行模拟分析。

第三，系统动力学适用于研究对精度要求不高的复杂的社会经济问题。因为对这些系统问题的描述常常会采用高阶非线性动态方程，这类方程无法通过一般的数学方法来求解，而系统动力学则可以借助于计算机及仿真技术来获得系统主要的有价值的信息和结论。

第四，系统动力学强调有条件预测。系统动力学方法强调产生结果的条件，它采用"如果……则……"的形式，对预测复杂系统的未来提供了一种新的手段和方法。

2.3.2　系统反馈结构的表示方法

系统动力学认为一个复杂系统是由一些相互作用的反馈回路组成的。基于系统的整体性与层次性，系统的结构一般存在下列体系与层次：①确定系统的界限，界限内为系统本身，而界限外则为与系统有关的环境；②子系统或子结构；③系统的基本单元，反馈回路结构；④反馈回路的组成与从属成分：状态变量、变化率（目标、现状、偏差与行动）。

系统的基本结构就是反馈回路。反馈回路是耦合系统的状态、速率（行动）与信息的回路，它们分别对应于系统的单元、运动、信息三个组成部分。状态变量的变化取决于决策或行动的结果，而生物界、社会经济、机器系统中普遍存在这样一种现象：决策（行动）的产生依靠信息反馈的自我调节，这是系统的一种典型的基本结构。一个反馈回路就是由状态、速率、信息三个基本部分组成的基本结构。一个复杂系统则按一定的系统结构由若干相互作用的反馈回路组成，反馈回路的交叉、相互作用形成了系统的总功能。

系统动力学模型由系统结构流程图和构造方程组成，二者相辅相成，融为一体。流程图反映系统中各变量间因果关系和反馈控制网络，正反馈环有强化系统的功能，表现为偏离目标的发散行为；负反馈环则有抑制系统的功能，能跟踪目标产生收敛机制。二者的组合使系统在增长与衰减交替过程中保持动态平衡，达到预期目标。所以，流程图用以体现实际系统的结构特征，构造方程是变量间定量关系的数学表达式，可由流程图直接确定或由相关函数给出，可以是线性或非线性函数关系，其一般表达式为：

$$\frac{dX}{dt} = f(X_i, V_i, R_i, P_i) \tag{2-1}$$

其差分形式可形成：

$$X(t + \Delta t) = X(t) + f(X_i, V_i, R_i, P_i) \cdot \Delta t \tag{2-2}$$

式中，X 为状态变量；V 为辅助变量；R 为流率变量；P 为参数；t 为仿真时间；Δt 为仿真步长。

系统动力学模型的建立，第一步是确定系统分析的目标；第二步是确定系统边界，即确定系统分析涉及的对象和系统范围；第三步是建立因果关系（反馈回路）图和流程图；第四步是写出系统动力学方程；最后进行系统仿真模拟。

2.3.3 系统动力学研究复杂系统的优势

每一个系统都是结构与功能的统一体，系统的结构揭示了一个系统的构成特征，系统的功能则表示出一个系统的行为特征，系统的结构和功能是相辅相成、互为因果关系的，是不可分割的整体。因此，研究一个系统时，不仅要考虑系统的行为和功能，而且要考虑系统的结构。通过不断交叉地考察系统的结构与功能，才能建立起一个在系统上、功能上都能较好反映系统真实情况的模型。所以，在考察研究系统时，不仅要广泛搜集反映系统功能与行为的数据、图表，而且需要搜集研究反映系统结构（系统单元间相互关系、相互作用）的各种信息，而这些信息不能仅仅依靠大量统计数据来反映，因为统计数据只表示了人们认识世界的一小部分，它只反映了系统的功能现象的一部分。要真正构造系统的模型就必须经过严谨的系统分析与结构分析阶段，深入真实世界，洞察它所包含的那些不可测量的因果相互关系。把系统的动态变化与其内部的反馈回路结构联系起来，依靠人们的分析能力与认识能力，获得对系统的正确认识或概念，并把它们结合到模型结构中去。由于系统动力学从系统的微观结构入手建立系统的模型，因此为我们研究系统结构与功能的关系提供了科学的方法。

关于复杂系统的研究，钱学森提出了"综合集成方法"，这一方法的实现，必须解决两个问题：一是如何将科学理论、经验知识和专家判断力相结合，建立定性认识，提出假设并建立包括大量参数的系统结构模型；二是如何通过人机交互、调整参数等，进行仿真计算，反复对比逐次逼近，实现从感性到理性，由定性到定量的转化，而系统动力学具有解决这两个问题的基本条件，系统动力学在进行系统研究方面从微分方程组理论出发，建立了两条具体适合研究复杂系统的技术：①提出了因果关系及流位流率关系的反馈结构建模方法；②具有专用的便于参数调试的DYNAMO仿真语言，这两条与上述"综合集成方法"实现所需的必要条件不谋而合。贾仁安等所著的《用系统动力学研究复杂系统问题的方法论及其功能》一书阐述了用系统动力学可以有效地刻画反馈动态性复杂问题。他们从系统动力学的理论工具常微分方程组出发，首次提出了系统动力学流率基本人树复杂系统结构建模的理论与方法，根据此理论与方法，可同时实现规范化建模和用行列式、矩阵代数方法计算出系统模型全部反馈环两个功能，这样实现了将复杂的网络结构流图模型转化为简单的树结构模型，又将树结构模型转化为线性的矩阵等计算问题，这样就解决了运用系统反馈动态性复杂结构来分析根本问题，这些结果为社会经济复杂系统管理问题的解决提供了理论基础和有效分析工具，有助于促进"综合集成方法"的实现[100]。我国学者运用系统动力学方法在多个领域进行了研究和探索[101~104]，但是系统动力学中尚有一些需进一步研究的问题，比如复杂系统主回路的判别方法、模型参数估计的进一步完善、模型行为模式的稳健性问题等。

第3章 煤炭产业发展现状及趋势

3.1 煤炭产业发展现状分析

煤炭作为中国的基础能源，在国民经济发展中居于举足轻重的地位，更是中国能源安全的重要基石。煤炭产业也是中国的能源支柱产业，近年来，煤炭产业一直把提升产业发展的科学化水平作为主攻方向，不断加大结构调整的力度，经济发展方式逐渐由粗放式向集约式方向转变，建设了一批煤炭生产基地和企业集团，在全国范围内有效实施科技兴煤战略，使煤炭企业的科技创新能力和技术水平有了明显提高，资源利用效率也大大提升，强化了安全生产意识，提高了矿区的安全生产保障能力；进一步加强国际合作，扩大煤炭产业的对外开放；大力推行绿色开采，促进了生态矿区和和谐矿区的建设，更加关注矿区民生；不断改善煤矿井下作业的环境，提高煤矿工人的健康水平，煤炭产业的整体面貌发生了显著的变化。

3.1.1 煤炭产业发展的新特点

"十一五"以来，我国煤炭产业更加重视市场化改革，不断推进科技创新，强化煤矿安全生产意识，更加注重绿色开采以及生态矿区的建设，不断加大对外开放的步伐，形成了较为清晰的产业发展思路，呈现出一系列新变化和新特点。

（1）产业结构调整取得了新成效

我国煤炭生产集中度不断提高，在全国范围内形成了一大批煤炭企业集团、煤炭生产基地以及大型现代化煤矿。2013 年全国煤矿数量 1.2 万处，比 2005 年减少了 1.3 万处。其中，年产 120 万吨以上的大型煤矿 850 多处，比 2005 年增加了 560 处，产量占全国总产量的比重由 35.7％提高到 65％（其中年产千万吨级煤矿 50 处，产量占全国的 17％左右）；年产 30 万吨以下的小型煤矿 9800 多处（其中 9 万吨以下的煤矿 7500 处），比 2005 年减少了 1 万多处，产量占全国的比重由 30％下降到 16％，建成安全高效矿井（露天）406 处，产量占全国的 1/3 左右。

同时，大型煤炭企业继续保持较快发展，生产集中度不断提高。初步统计分析，神华、中煤、同煤、山东能源、冀中能源、陕西煤业化工、河南能源、山西焦煤等 8 家企业原煤产量超过亿吨，总产量占全国产量的 37％；开滦、潞安、兖矿、华能、阳泉、中电投、淮南、晋城等 11 家企业产量超过 5000 万吨，总产量占全国产量的 19％左右；有 52 家煤炭企业产量超过 1000 万吨，总产量占全国产量的 70％左右；17 家中央企业开办的煤矿 324 处，产量 9.8 亿吨，占全国产量的 26.5％。前 4 家煤炭企业产量占全国总产量的 25％左右，前 10 家煤炭企业产量占全国总产量的 40％左右。煤炭生产结构的进一步优化，使得煤炭生产供应能力大幅度提高，2013 年全国煤炭产量达到了 37 亿吨，煤炭在我国一次能源生产、消费中所占比重分别为 76.5％、67.2％[105]。

（2）产业科技创新能力显著增强

煤炭产业以企业为主体、市场为导向、产学研相结合的技术创新体系不断完善，科技协同创新平台建设不断深入。截至 2013 年年底，全行业建成国家重点实验室 13 个，国家工程实验室 7 个，国家工程研究中心 6 个，国家能源研发中心 3 个，国家能源重点实验室 4 个，国家级企业技术中心 19 个，国家安全生产技术支撑中心国家级实验室 10 个。

近年来，我国煤炭产业的关键技术攻关和煤炭智能化采掘技术与装备的发展都取得了显著成效，实现了煤矿井下瓦斯监测监控，煤矿井下人员定位系统运用、调度系统电视监控；成功研制出年产 600 万吨、千万吨煤矿综采工作面成套装备；煤矿机械化、自动化技术深度融合、智能化技术与装备发展，都取得了重大进展；煤层赋存稳定区域的薄煤层全自动、智能化综采技术取得了重大突破；7～7.5 米大采高、强工作阻力、电液控制的重型煤矿综采液压支架投入使用，露天煤矿边坡实现卫星定位、高精度、实时动态监测，300 吨重型卡车、75 立方米电铲、半固定移动式破碎机、轮斗挖掘机等重型装备国产化进程加快；采煤机最大功率达到 3000 千瓦，刮板运输机小时输送能力最大达到 5000 吨，高端液压支架、重型运输设备等煤炭开采装备核心技术已经居于国际先进水平，有力地促进了我国煤矿现代化、生产机械化、系统自动化和管理信息化水平的提升，实现了煤矿生产、安全、经营、管理等多系统集成，形成了具有煤炭行业特色的"两化"融合发展模式，促进了矿山绿色、清洁、安全、高效发展，实现了由劳动密集型向"两化"融合、人才技术密集型转变，走出了一条科技含量高、经济效益好、资源消耗低、环境污染少、人力资源优势得到充分发挥的新型煤炭工业化发展之路。

（3）煤炭绿色开采、生态矿山建设稳步推进

煤炭产业认真贯彻落实科学发展观，转变煤炭经济发展方式，不断推进资源生产和利用方式的变革。通过提高煤炭资源回收率，

促进资源开采与生态环境的和谐发展，努力构建清洁、安全、高效的新型煤炭工业体系。煤炭企业通过集成创新，把一批绿色开采、生态矿山支撑技术嵌入生产过程中，创新了矿井的设计理念，完善了生态矿山运行机制，达到以最小的生态扰动获取资源，还原、再造了矿区生态环境，使矿山工程和生态环境融为一体，引领了煤炭工业的发展方向，取得了明显的经济、社会和环境效益。2013 年原煤入选能力 23.5 亿吨，入选量 22.14 亿吨，原煤入选率 59.8%，同比提高了 3.8 个百分点。煤矸石发电总装机容量突破 3000 万千瓦；利用煤矸石 4.9 亿吨，折合 5600 万吨标准煤；全年煤层气（煤矿瓦斯）抽采量 155 亿立方米，其中，井下瓦斯抽采量 125 亿立方米，地面煤层气产量 30 亿立方米。

（4）煤炭市场机制不断健全和完善

全国煤炭市场交易机制不断创新。自 2013 年 1 月 1 日起，我国开始全面实行电煤价格并轨制，动力煤、炼焦煤的期货合约分别在郑州商品交易所、大连商品交易所实现成功上市，进一步发挥了市场配置资源的基础性作用，节约了交易成本；区域交易中心得到了快速发展，已经建成 31 个区域性煤炭交易中心，全国煤炭交易体系的建设工作正在有序地推进；行业诚信体系建设不断加强，国家发布了《煤炭市场交易规则》，树立倡导"规则意识""契约精神"，推动"阳光交易"；国家进行了行政审批制度改革，取消了煤炭生产许可证和煤炭经营许可证，降低了煤炭生产经营门槛，激发了市场活力。同时，大型煤炭企业的股份制改革也在不断深化，截至 2012 年年底，有 39 家煤炭企业实现了境内外上市，直接融资超过 1700 亿元；煤炭企业通过控股或参股等方式发展大型坑口电厂；加快了煤电一体化、煤焦化一体化、煤炭物流等上下游产业融合发展的步伐，全国百强煤炭企业的非煤产业产值已经超过了总产值的 60%。

（5）煤矿安全生产长效机制不断健全

我国政府高度重视煤炭安全生产问题，采取了一系列政策措施，从体制、机制等多方面入手，逐渐健全煤矿安全生产的长效机制。2004 年，财政部、国家发展改革委、国家煤矿安全监察局联合出台了《煤炭生产安全费用提取和使用管理办法》，对煤矿加大安全投入提供了有力的支持，本办法出台以来，全国煤炭企业累计提取的煤矿安全生产费用近 3000 亿元。煤炭企业积极进行技术改造、设备更新、隐患治理等工作，煤矿生产的现代化、机械化、信息化、智能化、标准化水平不断提高，2013 年全国煤矿发生事故 604 起，死亡 1067 人，百万吨死亡率为 0.288%，历史上第一次达到 0.3% 以下，煤矿安全生产的形势有了明显的好转。

（6）国际交流合作步伐进一步加快

近年来，煤炭产业非常重视对外开发，积极参与国际交流与合作，积极参加具有国际影响力的煤炭峰会、论坛和展览会，产业的国际化水平不断提高。兖州集团、开滦集团、神华集团等部分大型煤炭企业在澳大利亚、加拿大、印尼等国家的合作开发煤炭资源项目都取得了较大进展；更多种类的煤机装备源源不断地出口到俄罗斯、印度、美国等主要产煤国家。自 2009 年我国成为煤炭净进口国以来，煤炭进口量逐年大幅度增加，2013 年中国煤炭进口量达到历史最高的 3.3 亿吨，同比上涨 13.4%。

（7）和谐矿区建设取得显著成效

在国家有关推进棚户区改造政策的支持下，煤炭企业主动偿还历史欠账，不断加强矿区民生工程建设，关注煤矿职工的生活，注重提高职工收入水平，加大矿区的棚户区改造工程投入，一大批煤矿职工喜迁新居，使得煤矿职工真正享受到企业改革发展的成果。2012 年，煤矿职工年均收入在 5.9 万元左右，相比"十一五"初期有了较大幅度的提高。在推进和谐矿区建设过程中，矿区文化建设也全面展开，举行了丰富多彩的文体活动，比如"寻找感动中国矿工"活动、煤炭艺术节、全煤运动会、"乌金杯""乌金奖"赛事等，有力地推进了煤炭产业的文化建设。

3.1.2　煤炭产业发展存在的问题

"十二五"期间，我国面临着转变经济发展方式的艰巨任务，煤炭产业也处于加快结构调整，变革能源生产利用方式，转变经济发展模式的关键时期。虽然煤炭产业在以往的发展过程中取得了一系列的成绩和进步，但是，仍然面临着一些深层次的矛盾和问题，主要表现在以下几个方面。

其一，仍然面临着结构调整与发展方式转变的艰巨任务。

目前，全国仍有近 1 万处 30 万吨以下的小型煤矿，平均单井规模还不足 10 万吨，煤炭产业仍然面临着布局趋同、非煤产业质量不高等一系列产业结构调整问题，现代煤化工产业的发展还面临着技术和人才等方面的严重制约。虽然大多数煤炭企业的非煤产值已经超过了 50%，但是企业的利润仍然主要来自煤炭产业。

其二，资源开发、环境保护、经济可持续发展面临着严峻挑战。

近年来，我国煤炭产业不断加大资源开发强度，扩大生产规模，给矿区生态环境造成了很大的影响，给环保带来了巨大的压力，根据国家加强生态文明建设的总体要求，煤炭行业在今后的长期发展过程中将会一直面临着淘汰落后产能，推进煤炭安全高效开发以及煤炭清洁高效利用，促进节能减排的艰巨任务。

其三，煤炭市场依然存在着短期供应宽松与长远供应不足的矛盾。

自 2006 年至今，煤炭采选业固定资产投资累计达到 3.1 万亿元，累计新增煤炭产能大约为 20 亿吨。截至 2012 年年底，煤矿总的产能近 40 亿吨，煤炭产能建设超前大约 3 亿吨。特别是 2012 年以来，煤炭市场持续呈现需求低速增长、产能释放、进口增加、库存高位、煤价下滑、市场总量宽松、结构性过剩的态势，受煤炭产能建设超前与需求增速放缓等多重因素的影响，短期煤炭市场供需形势还难以改变。但从我国中长期能源生产和消费发展趋势分析，我国煤炭需求还将保持适度增加，煤炭市场短期供应宽松与长期总量不足的矛盾依然存在。

3.2 煤炭产业政策分析

目前，我国的能源产业政策总基调仍然是以煤炭为基础，实现多元化发展，逐步形成以煤炭为主体，以电力为中心，油、气、新能源全面发展的能源体系。

由于我国的能源资源具有储量比较丰富、富煤贫油、分布广阔、开采成本较低等特点，我们一直把煤炭作为我国最安全、最可靠的能源，在国民经济及能源工业发展中都具有十分重要的战略地位。长期以来，煤炭产业都是我国国家政策管理、产业结构调整的重中之重，国家集中出台了大量的政策措施，主要涉及生态环境保护、资源保护、产业转型、煤炭安全生产等方面，制定了一系列较为严格的行业准入制度、各种安全标准以及产业整合措施，主要目的就是促进我国煤炭产业的健康可持续发展。

2010 年以来，我国的煤炭产业政策主要集中在行业规范、行业整治、行业安全性、煤炭供需调控等多个方面。煤炭产业政策的实施重点包括以下几个方面。

一是煤炭产业政策的制定与实施必须以保障安全为前提。在对那些具有较高安全隐患的小煤矿进行安全治理的基础上，重点加强了针对大中型煤矿瓦斯处理方面的政策措施，其中涉及安全费用及安全环境收益等问题。

2013 年 10 月，国务院办公厅《关于进一步加强煤矿安全生产工作的意见》中指出，加快落后小煤矿关闭退出，加大政策支持力度，落实关闭目标和责任；严格煤矿安全准入，严格煤矿建设项目核准和生产能力核定，严格煤矿生产工艺和技术设备准入，严格煤矿企业和管理人员准入；深化煤矿瓦斯综合治理，加强瓦斯管理，严格煤矿企业瓦斯防治能力评估；全面普查煤矿隐蔽致灾因素，建立隐蔽致灾因素普查治理机制等。

二是在全国范围内持续推行加快煤矿企业重组整合的政策措施，通过煤炭企业间的兼并重组，在全国范围内，形成以大煤炭集团、大煤炭基地、大型现代化煤矿为主体的产业态势，以此来提高整个煤炭产业的市场竞争力，促使煤炭产业持续、健康、稳定地发展。

2010 年 10 月 10 日，国土资源部公布了《关于开展煤炭矿业权审批管理改革试点的通知》（以下简称《通知》），在黑龙江、陕西、贵州三个省进行煤炭矿业权审批管理改革试点工作，在三个试点省份试行有计划的煤炭矿业权投放制度，进一步规范煤炭产业的审批制度和审批环境，推动煤炭企业进行省际整合重组。《通知》要求，黑龙江、陕西、贵州三个省要编制本省煤炭矿业权的年度投放计划，并于每年的 9 月底之前，将编制完成的下一年度煤炭矿业权的投放计划上报国土资源部，待国土资源部批准后实施。根据相关规定，只有符合经国土资源部批准或备案的矿业权设置方案的煤炭矿业权才能够被列入年度投放计划。国土资源部全面授权黑龙江、陕西、贵州省国土资源厅审批登记煤炭矿业权，报国土资源部备案以后，通过矿业权统一配号系统进行配号，再由三省厅颁发勘查许可证或划定矿区范围、颁发采矿许可证。《通知》下放了审批权力，一系列措施的出台形成了高效、规范的煤炭产业审批体系，从而促进了煤炭企业整合重组的步伐。

2010 年 10 月，国家发展改革委员会出台了《关于加快推进煤矿企业兼并重组的若干意见》（以下简称《意见》）。《意见》的主要指导思想是：全面贯彻落实科学发展观，坚持集约发展、安全发展、可持续发展，进一步推进煤矿企业兼并重组的步伐，继续淘汰落后产能，优化煤炭产业结构，不断提高煤炭生产的集约化水平、安全生产水平以及煤炭科技水平，对煤炭资源进行有序开发利用，促进煤炭产业健康稳定的发展，保障国家的能源安全。《意见》中明确阐述了通过促进煤矿企业兼并重组，形成一批特大型煤矿企业集团的目标。大大提升煤矿的技术装备水平，明显改善煤矿的安全生产条件，提升煤炭资源的回采率，加强煤炭企业的环境治理、环境保护，进一步规范煤炭开发的秩序，形成以股份制为主要形式、多种所有制并存的煤矿企业格局。《意见》要求山西、河南、内蒙古、陕西等重点产煤地区加快淘汰小煤矿，努力提高煤炭产业的集中度，促进煤炭资源的连片开发，要求四川、黑龙江、贵州、云南等省加大兼并重组力度，减少煤矿企业数量，要求大力支持那些具有经济优势、管理优势和技术优势的企业兼并重组落后煤炭企业，大力支持那些优势企业进行跨地区、跨行业、跨所有制形式的兼并重组，并且鼓励优势企业进行强强联合，鼓励煤、电、运一体化经营，培育一批具有较强国际竞争力的大型煤炭企业集团。加快我国煤矿企业的兼并重组，可以对我国的煤炭开发秩序进行进一步的规范，可以对我国的煤炭资源进行有效的保护和集约开发，也能够保障能源的可靠供应，是优化煤炭产业结构，提升煤炭企业的发展质量和效益，实现煤炭产业长期可持续发展的重要措施。

三是通过相关政策的实施引导煤炭产业积极进行结构升级，努力朝着依靠科技进步与创新、清洁生产和利用、保护环境、节约资源的方向发展。国家能源局于 2012 年 3 月 22 日发布了《煤炭工业发展"十二五"规划》（以下简称《规划》）。《规划》强调，要继续整顿关闭小煤矿，淘汰落后产能，依靠科技创新，切实转变煤炭产业发展方式。稳步推进大型煤炭基地建设，建设大型矿区，合理规划煤矿建设生产规模，预防煤炭供需失衡状况发生，实现我国煤炭的长期稳定供应。《规划》设定了"十二五"煤炭产业的发展目标，以及"控制东部、稳定中部、发展西部"的煤炭生产开发总体布局。

四是重点推进煤炭等重要矿产资源税从价计征的改革进程，对一些相关收费基金项目进行清理，对于那些仍然实行从量计征的资源品目，适当提高税额标准，更好地发挥税收调节作用。2010 年 7 月在京召开的西部大开发工作会议指出，深入推进西部大开发，要认真贯彻落实好中央制定的各项政策措施，对煤炭、原油、天然气等资源税由从量征收改为从价征收。2010 年 10 月 27日，中央政府发布了《关于制定国民经济和社会发展第十二个五年规划的建议》（以下简称《建议》），《建议》中指出，要继续推进资源税改革，继续深化资源性产品价格及要素市场的改革，继续理顺煤、电、油、气、水、矿产等资源类产品的价格关系等。煤炭资源税从量计征转为从价计征，将直接推进煤炭资源合理开发利用，减少浪费，同时可以增加财政收入。

五是实施鼓励煤炭进口的政策。为了促进我国的煤炭进口，国家一直实施下调煤炭进口关税的政策措施。2005 年，将炼焦煤进口关税税率下调为零；2008 年，又将除褐煤以外的所有煤炭进口关税税率下调为零；2012 年，进一步将褐煤进口关税也取消了。这些措施对煤炭进口产生了积极的影响，煤炭进口量的增加弥补了国内煤炭产量的不足，可以为国民经济发展提供比较充足的基础能源。

3.3 煤炭企业的节能减排

煤炭资源的开发利用带来了地下水资源破坏、地表深陷、煤矸石堆存占地、大气污染等一系列非常突出的环境问题，同时，煤炭企业自身也会消耗大量的能源、资源，因此，做好煤炭企业的节能减排，对于煤炭产业的低碳转型发展，提高煤炭产业的整体竞争力，加快建设资源节约型、环境友好型社会，促进经济发展和生态文明建设，都具有十分重要的现实意义。

3.3.1 煤炭企业节能减排的有利条件

一是节能减排的管理体系不断健全。煤炭行业加强了对节能减排工作的领导力度，不断健全节能减排的组织管理体系，制订了一系列节能减排的指标标准，建立了比较完备的检测、考核体系，进一步完善了节能减排指标考核制度，形成了行业内自上而下的节能减排管理系统，这些都为煤炭企业的节能减排提供了可靠保障，打下了牢固基础。

二是节能减排的技术创新不断加强。大型煤炭企业积极与科研院所进行合作，研究的重点内容包括：如何进行资源的合理有效利用、如何降低污染物的排放、如何进行生态环境的恢复补偿、如何实现废物的科学回收利用等，相关的研究成果和技术创新，为煤炭企业循环经济的发展及低碳转型提供了有力的技术支持，推进了煤炭企业节能减排工作的开展。

三是节能减排的技术改造成效显著。煤炭企业通过不断淘汰高能耗的生产设备，加强节能减排的技术改造，积极应用新工艺、新技术、新材料、新设备，大力推行节能工程项目，比如供水系统优化工程、能量系统优化工程、建筑项目、绿色照明工程等，大力推广无功电力补偿、变频调速、恒压供水、硫化床锅炉、中水回用等节能技术、节能工艺及产品，从而提高了节能环保装备的水平和技术含量。

3.3.2　煤炭企业节能减排的不利条件

一是煤炭行业总体技术水平较低，技术装备比较落后。整个煤炭行业的技术装备比较落后，技术水平比较低，环境基础设施的欠账比较大。近年来，虽然煤炭企业纷纷加大了技术革新改造的力度，逐步更新改造了一部分高耗能的生产设备，但是，很多煤矿企业仍然存在一些比较突出的问题，比如高耗能设备多、调控技术落后、系统不匹配等。

二是矿井煤炭资源回收率较低，资源浪费严重。我国煤炭企业的资源回收率平均只有 40% 左右，小煤矿的资源回收率更低，平均只有 15%，与国际上产煤国家一般都在 60% 以上，高的可达到 70%～80% 相比，差距很大，近年来，随着开采技术的提高，我国煤炭资源回收率有所提升，但资源浪费仍然十分严重，我国煤炭企业必须在一些重大的精细勘查及开采技术方面有所突破。

三是原煤入选加工率较低，环境污染严重。目前，我国原煤入选率仅为 56.2%，而世界上主要产煤国的原煤入选率均在 70% 以上。原煤的大量直接燃烧，必然造成热能转换率低，并带来严重的环境污染，另外，未经加工的原煤进行长距离运输，会造成运力的严重浪费，同时也会带来环境污染问题。根据《能源发展"十二五"规划》，到 2015 年，我国原煤入选率要达到 65% 以上，2013 年 9 月 10 日，国务院在《大气污染防治行动计划》中，要求将原煤入选率再次提高，到 2017 年，原煤入选率要达到 70% 以上。因此，未来几年，我国的原煤入选率将大幅攀升。

四是产业结构不合理，生产效率低。虽然近年来煤炭行业在产业结构调整方面做了大量的工作，但总体来看，目前，煤炭行业的产业结构仍然不够合理。各个矿区的循环经济规划基本上都是以煤—电—化或者煤—电—建为主，仍然没有跳出高污染、高能耗的范畴，高科技的项目、第三产业的项目占的比重仍然太低，生产效率得不到有效提升。

五是煤炭开采引发一系列生态问题。一是造成土地的破坏。煤炭开采使得土层结构遭到破坏，土地使用功能大大降低，地表植被也遭到破坏，使水土流失加剧，并造成了地表的塌陷、沉降等。二是造成水资源的破坏。煤炭的开采严重破坏了地下岩层空间，使得水循环系统发生了很大的变化，造成了区域地下水位下降以及水资源的损失和破坏。三是加剧生态环境的恶化。由于土地、水资源的破坏，加剧了煤炭开采地区生态系统与环境功能的逆向演变和恶性循环，影响了整个生态系统的平衡功能，破坏了生态圈、生物链，使生态环境变得异常脆弱，甚至可能引发生态系统的全面崩溃。

3.3.3 制约煤炭企业节能减排的突出问题

一是煤炭行业缺乏科学系统的节能减排标准体系。没有统一的节能减排行业标准，从宏观上严重制约了煤炭行业节能减排工作的深入开展。煤炭行业节能减排的标准体系必须包括：节能减排的管理标准、节能减排的技术标准、节能减排考核指标体系等。

二是现有煤炭企业的发展机制加大了节能减排的难度。煤炭企业"以煤为主，多种经营"的发展机制，制约了企业节能减排工作的顺利进行。煤炭企业发展前期，由于缺乏系统、科学、长远的发展规划，盲目上马了一些涉及冶金、化工、建材、造纸等行业的高污染、高能耗的非煤项目，虽然对企业的煤炭主业发展起到了一定的促进作用，但是，这些项目却与目前的节能减排要求相背离，成为煤炭企业节能减排过程中非常棘手的问题，具有非常大的治理难度，给煤炭企业带来了新的压力。

三是配套政策措施不健全制约了节能减排的开展。煤炭企业淘汰落后技术装备和产能，离不开政府相关配套政策措施的鼓励与支持，而相关政策措施的执行效力不足，存在很多不确定性因素，比如，在国家出台的《关于加快高耗能行业结构调整的指导意见》《关于高耗能行业结构调整产品指导目录》中，涉及煤炭企业淘汰产品的型号、种类不够全面，这样就造成在具体实施、应用过程中，由于存在的一些缺失产生诸多不便，就会打击煤炭企业节能减排的积极性，制约其节能减排工作的深层次开展。

四是环境保护问题欠账太多，治理难度加大。矿区生态环境破坏比较严重，要进行环境治理，需要大量的资金投入，并且需要进行长期不懈的恢复治理。但是，由于长期以来煤炭企业一直轻视环保问题，环境治理工作一直处于滞后状态，缺乏有效的环保责任制度及经济补偿机制，致使煤炭企业的环保投入严重不足，历史欠账越积越多，环境治理的难度越来越大，严重制约了煤炭企业的可持续发展。

3.4　煤炭产业的发展趋势

"十一五"以来，我国煤炭产业建立并逐步完善了市场化机制，实现了安全生产形势的稳步好转，促进了上下游产业协调发展，煤炭企业"走出去"战略取得进展，煤炭产业发展的科学化水平显著提升。然而，我国煤炭产业仍面临消费增长过快、生产结构不合理等诸多风险和挑战。"十二五"时期是煤炭产业从量的增长到质的提升、全面提高科学化发展水平的关键时期，要坚持以转变煤炭经济发展方式为主线，建设大煤矿、大基地，培育发展大集团，推进煤炭科技进步，提高自主创新能力，建设生态矿山，强化安全生产，推进煤炭市场化改革，建设和谐矿区，进一步提升煤炭产业发展的科学化水平，构建资源利用率高、安全有保障、经济效益好、环境污染少、健康可持续发展的新型煤炭产业体系。

一是加大煤炭结构调整力度，提升煤炭经济发展质量。坚持以大型煤炭基地建设为依托，推进煤炭企业兼并重组，发展具有国际竞争力的大型企业集团，提高产业集中度。坚持以建设大型现代化煤矿为重点，加大资源整合力度，加强煤矿技术改造，完善退出机制，淘汰落后产能，提高煤矿生产机械化、自动化和信息化水平。坚持以发展煤基循环经济产业为载体，支持煤电一体化、煤焦化一体化发展，促进煤炭由燃料向原料与燃料并举转变，推动煤炭生产利用方式变革。坚持以深化煤炭市场化改革为动力，加强全国煤炭市场交易体系建设，健全煤炭储配体系，发展现代煤炭物流与服务产业，促进煤炭经济由规模、速度型向质量、效益型发展。

二是优化煤炭开发布局，提高煤炭长期稳定供应保障能力。统筹考虑煤炭资源赋存条件、市场区位、环境容量、产业布局与经济社会发展，加快建设煤炭铁路干线、电网、管网、水源等基础设施，落实"控制东部、稳定中部、发展西部"的煤炭开发布局总体思路，推进煤炭资源"梯级开发、梯级利用"格局的形成，促进安全高效开发和清洁高效利用，提高全国煤炭长期稳定供应保障能力，支撑国民经济平稳较快发展。

三是坚持科技兴煤战略，提升煤炭生产力总体水平。深入贯彻落实科教兴煤战略，把科技创新摆在煤炭工业发展全局的核心位置。进一步完善以企业为主体、市场为导向、产学研相结合的煤炭科技创新体系，加快科技协同创新平台建设。加大科技投入，加强基础理论和先导技术研究，努力攻克核心技术和关键技术。加快新技术推广应用和重大成套装备研制，提高煤炭自主创新能力和煤矿重大装备国产化水平。推动煤炭企业管理由传统方式向"两化"融合方式发展，以信息化推动煤炭工业现代化发展，为煤炭工业健康可持续发展提供新的驱动力。

四是发展循环经济产业，实现低碳发展。树立科学产能理念，根据矿区资源条件、环境容量和生态承载力，合理确定煤炭开发强度，以最小的生态环境扰动获取最大的资源效益，在有条件的矿区推行煤矿充填开采、保水开采等绿色开采技术，减缓或控制煤炭开采对生态环境扰动；因地制宜实施矿区生态再建工程，推进以煤为基础的循环经济产业发展，履行社会责任，促进资源开发、区域经济社会与生态环境协调发展，努力建设生产发展、人民富裕、生态良好的新型矿区和美丽矿山。

五是坚持安全发展，促进煤矿安全生产形势根本好转。认真贯彻安全第一、预防为主、综合治理的方针，强化安全责任意识，强化安全生产主体责任。加大安全投入，推进煤矿安全治本攻坚，加强重大灾害防治，实施重大安全工程，加强职业危害防治，深入贯彻落实煤矿瓦斯防治"十二字"方针，强化煤矿安全生产长效机制和职业健康保障机制建设，有效防范重特大事故，进一步提高煤矿安全生产和职业健康水平。

六是加强煤炭行业文化建设，推进行业文化繁荣发展。深入挖掘煤矿工人"特别能战斗"精神内涵，把弘扬煤矿工人艰苦奋斗的光荣传统与树立新时期开拓创新精神结合起来，塑造当代煤炭工业新面貌，展现煤矿工人新形象。充分发挥企业文化建设的主体作用，贴近基层、贴近实际、贴近矿工，深入基层，打牢基础，不断提高煤矿工人素质和素养，不断繁荣煤矿职工文化生活，为行业发展营造积极向上、开拓创新、勇于奉献、和谐繁荣的发展环境。

七是推动国际交流合作，提高煤炭工业对外开放水平。研究建立更加有效的国际煤炭领域的交流与合作机制，加强对话与合作，在定期举办国际煤炭峰会、展览会、论坛等的基础上，促进煤炭行业和企业开展多层次、多方位的合作。加强煤炭先进技术研发与推广体系建设，让世界各国分享先进的科技成果，支撑世界煤炭工业健康可持续发展。

第4章　煤炭产业低碳发展机理剖析

4.1　煤炭产业的碳排放源分析

煤炭产业既是能源生产主力，同时又是资源消耗大户，关于煤炭产业碳排放的研究大多都集中于宏观层面上的节能减排及废物利用上，比如联合国政府间气候变化专门委员会的《IPCC 2006 国家温室气体清单指南》中已经给出了计算逃逸碳排放量的公式：

$$Y = Q \cdot E \tag{4-1}$$

式中，Y 代表碳排放量，Q 代表煤炭产量，E 代表碳排放因子。而碳排放量又可以表示为公式：

$$Y = Y_1 + Y_2 - Y_3 \tag{4-2}$$

式中，Y_1 代表煤炭开采过程的碳排放量；Y_2 代表煤炭开采之后系列活动的碳排放量；Y_3 代表甲烷等气体的回收利用量。

在原煤开采过程中使用的机械设备、照明设施等都会带来温室气体的排放，煤炭生产过程中的各种副产物也都会增加温室气体的排放，所以，如果仅仅考虑逃逸排放，通过式（4-1）或式（4-2）计算得到的碳排放量误差比较大，不能客观反映煤炭企业的碳排放状况以及温室气体减排的潜力。

更加精确的方法是分别对煤炭企业在煤炭生产的各个环节的

碳排放情况进行深入分析，比较客观准确地计算出煤炭企业在各个生产环节的碳排放量，这样才能为煤炭企业节能减排的实施提供有力的支持。通过分析煤炭生产系统的碳排放途径，将煤炭生产过程的碳排放来源划分为两大类：一是各个子系统因为能源消耗而产生的碳排放，比如煤炭消耗、电力消耗、油品消耗等带来的碳排放；二是生产系统的副产物排放带来的碳排放，比如煤矸石、矿井水、煤层气等产生的碳排放。

4.1.1 煤炭开采系统的能源消耗产生的碳排放

煤炭的原煤开采系统主要包括采掘、排水、通风、提升、压风、输送、辅助生产 7 个子系统，整个系统能源消耗的大体构成是：煤炭消耗占总能耗的 34.5%，电力消耗占总能耗的 61.9%，油品消耗占 3.4%，不同的能源消耗产生碳排放的途径不同，核算方法也各不相同。

（1）煤炭消耗产生的碳排放

在原煤开采的过程中，需要燃烧煤炭为井筒保温提供热量，井筒保温是指当煤矿环境温度在 0℃ 以下的时候，由于井筒结冰，会严重影响矿井工作人员的上下井，也会影响生产材料的运输，因此，必须在井口安装热风炉，不断对进入井下的空气进行加热，要保持井口处温度在 2℃ 以上，当然这部分的碳排放只是在冬季才会发生，由此产生的碳排放也就是煤炭开采环节由于煤炭消耗产生的主要的碳排放量。煤炭消耗产生的碳排放量可以根据式（4-3）来计算。

$$Y_1 = \rho \cdot M_1 \cdot NCV \cdot E_1 \qquad (4-3)$$

式中，Y_1 代表煤炭消耗产生的碳排放量；M_1 为煤炭的年消耗量；NCV 为净热值，可以通过《中国能源统计年鉴》查到；E_1 为煤炭消耗碳排放因子；ρ 是二氧化碳与碳的分子量之比，是一个常数，为 3.667。这种计算方法需要知道煤炭燃烧的碳排放因子，但是煤炭燃烧碳排放因子一般都是针对不同的煤炭类别得出来的，所以与煤炭燃烧碳排放的实际值会有一定的误差。

（2）电力消耗产生的碳排放

在电力消耗过程中并不会直接产生碳排放，我们这里探讨的电力消耗碳排放是指在火力发电的过程中，由于煤炭燃烧所产生的碳排放。当我们计算电力消耗产生的碳排放量时，首先必须明确企业所使用电力的来源，根据电力电网就能够得到电力的碳排放系数，比如华北电网 1 度电的碳排放因子是 0.78 千克。如果煤矿企业所使用的电力是来自水电、核电等清洁能源，则电力消耗碳排放系数就是零，电力消耗碳排放量也是零。

原煤开采环节消耗的电力主要是用于井下设备的运行和照明，我们可以通过对井下设备的分类，分别计算出每一套设备的用电量，然后进行汇总，再加上井下照明的用电量，就是原煤开采环节的电力消耗总量。只要查到电网的电力碳排放因子，利用式（4-4）就可以算出电力消耗产生的碳排放量。

$$Y_2 = \left(\sum F_i + F_0 \right) \cdot E_2 \qquad (4-4)$$

式中，Y_2 为电力消耗产生的碳排放量；F_i 为设备 i 的年耗电量；F_0 为年照明耗电量；E_2 为电力碳排放因子。

（3）油品消耗产生的碳排放

在原煤开采过程中，对油品的消耗主要包括两部分：一是用于对机器设备进行的润滑、维修等方面，这部分油品并不直接产生 CO_2，可能会通过反应或分解而产生少量的温室气体，一般在计算过程中可以忽略不计（此处用 V 表示）；二是在煤炭开采环节中，各输送系统中的运输车辆消耗的柴油或汽油。油品消耗产生的碳排放量可以根据式（4－5）来计算。

$$Y_3 = \rho \cdot M_2 \cdot C \cdot \beta + V \qquad (4-5)$$

式中，Y_3 为油品消耗碳排放量；M_2 为动力油品的年消耗量；C 为油品的碳含量；β 为碳氧化率，即转化为 CO_2 的碳占燃料中碳的百分率；V 为油品其他消耗产生的碳排放量；ρ 的含义同上。

4.1.2 煤炭开采系统的副产物排放产生的碳排放

在原煤的整个开采过程中，除了煤炭消耗、电力消耗、油品消耗等能源消耗过程产生的碳排放以外，原煤开采过程中还会产生大量的副产物，比如矿井水、煤层气、煤矸石等，这些副产物的排放同样会产生碳排放。

（1）煤矸石、矿井水排放产生的碳排放

在原煤开采环节中，一些吸附于煤矸石中或者溶于矿井水中的温室气体，比如 CH_4，由于环境发生变化而释放出来；另外，还有一部分碳排放来自溶于矿井水中的机油、润滑油等油类的化学反应。但是由于这部分的碳排放量比较低，排放的周期比较长，监测起来比较困难，因此，该部分的碳排放量在核算时一般会忽略不计。

（2）煤层气排放产生的碳排放

煤层气是在原煤开采过程中，由排气和通风系统排放出来的，煤层气的主要成分是 CH_4，而 CH_4 在大气中的温室效应是 CO_2 的 21 倍，因此，正确核算煤层气排放量，对于煤炭企业做好煤层气的浓缩利用，顺利开展节能减排工作意义重大。煤层气中 CH_4 的排放量可用前面提到过的《IPCC 指南》中的逃逸排放计算方法来进行核算。

4.2　煤炭产业低碳发展的宏观环境分析

4.2.1　经济环境

在科学发展观的指导下，我国的社会主义市场经济体制正处于不断完善的过程之中，"扩内需、保增长、调结构"的宏观调控政策措施，正推动着我国经济走向新的发展阶段。虽然我国的经济发展仍低于世界经济发展的平均水平，但是，我们的经济增长速度快，经济发展态势比较平稳，2012 年，我国三次产业占国内生产总值的比重分别为 10：45：45，而 1994 年数值为 20：48：32，由此可见，第一产业在 GDP 中的份额明显降低了，而第三产业的份额却大大增加了。

在国民经济快速平稳发展的形势下，居民的收入水平、消费水平也在逐年提高，根据国家统计局的统计数据，2013 年，全年城镇居民人均总收入 29545 元。其中，城镇居民人均可支配收入 26950 元，比上年名义增长 9.7％，扣除价格因素实际增长 7.0％。在城镇居民人均总收入中，工资性收入比上年名义增长 9.1％，经营净收入增长 9.7％，财产性收入增长 14.5％，转移性收入增长 10.2％。全年城镇居民人均可支配收入中位数 24199 元，比上年名义增长 10.2％。全年农村居民人均纯收入 8897 元，比上年名义增长 12.5％，扣除价格因素实际增长 9.2％。其中，工资性收入比上年名义增长 16.7％，家庭经营纯收入增长 7.5％，财产性收入增长 17.8％，转移性收入增长 14.3％。全年农村居民人均纯收入中位数 7906 元，比上年名义增长 12.8％。2013 年全国居民收入基尼系数为 0.472。居民收入水平、消费水平的提升也会伴随着能源需求、煤炭需求的增长。

中国拥有全球 1/3 的煤炭储量，煤炭产量位居世界前列，2011 年，我国煤炭产量 35.2 亿吨，而煤炭出口量为 1467 万吨，煤炭出口量大约占煤炭总产量的 0.41%。2012 年，我国煤炭产量 36.6 亿吨，而煤炭出口量仅为 930 万吨，煤炭出口量大约仅占煤炭总产量的 0.26%。相比之下，澳大利亚的煤炭年产量为 2.21 亿吨，而煤炭的年出口量却达 1.69 亿吨，占煤炭总产量的 76%。因此，对于我国煤炭企业来说，国际市场的需求量较大，发展前景非常广阔。

煤炭产业要实现低碳发展，必须加快结构调整的步伐。目前，煤炭产业的结构调整已经呈现出喜人的局面：其一，煤炭企业的规模化、集团化进程不断加快。近年来，国家安全生产监督管理总局等部门在煤炭行业开展了整顿关闭小煤矿的攻坚战，关闭了上万处落后小煤矿，淘汰了近 3 亿吨落后产能。2014 年 6 月，国家安全生产监督管理总局等 12 部门联合下发通知，强调小煤矿仍然是我国煤矿安全生产的重灾区，要加快落后小煤矿的关闭退出工作，要加快关闭 9 万吨/年及以下煤与瓦斯突出等灾害严重的煤矿，坚决关闭发生较大及以上责任事故的 9 万吨/年及以下的煤矿。到 2015 年年底全国再关闭 2000 处以上小煤矿。小煤矿关闭的重点地区是辽宁、黑龙江、江西、湖北、湖南、重庆、四川、云南、贵州等省（市）。规模化、集团化发展可以使煤炭企业的能效显著提高，生产工艺得到进一步优化，节能减排工作取得更好的绩效。其二，煤炭行业的非煤产业收入比例越来越高。以产煤大省山西省为例，2011 年，山西省煤炭产业的非煤收入达到了 3466 亿元，占整个产业销售收入的 43%；2012 年，山西省非煤产业的产值突破了 4000 亿元大关，超出了煤炭产业总收入的一半，说明煤炭产业经济结构调整的成效显著。其三，煤炭企业产品种类不断增加。得益于国家政策的引导和支持，煤炭企业加快经济结构调整，加强了产品质量管理，不断开发出新的煤炭品种，使得传统产品单一的产业状况得到了很大改善，同时积极开发产业链下游产品，使得煤基产业链不断延伸，积极推行一体化、集约化、产业联合的新的发展模式，逐步实现了生产现代化、产品标准化、交易网络化、服务集成化的产业发展新模式。其四，煤炭企业的节能减排工作取得了显著成效。比如，2011 年，河南煤化集团实现了万元产值综合能耗 0.70 吨标准煤，同比下降了 30.3%，较好地完成了化学需氧量（COD）、二氧化硫（SO_2）等减排指标，其中，SO_2 同比减排 2037 吨，COD 同比减排 1079 吨。

　　总之，随着煤炭产业经济结构的不断调整，非煤产业的收入比例不断增加，煤炭企业逐渐朝着规模化、集团化的方向发展，煤炭主业和辅业逐渐分离，煤炭企业产品种类不断增加，节能减排工作成效显著，煤炭产业的经济效益在逐渐提升，稳定发展的外部经济环境为煤炭企业的低碳发展、可持续发展提供了良好的机遇和条件。

4.2.2　社会环境

　　煤炭大量开采的直接后果是对大气环境的污染以及对土地资源、水资源的破坏，这些都严重影响了人与自然的和谐发展，甚至会进一步影响社会的稳定、政治的安定以及整个社会的和谐发展。

　　随着国民经济的健康快速发展，生活水平的不断提高，人们对生活质量和自身健康的要求也是越来越高，人们的环保意识也越来越强，这一切极大地推动了低碳经济理念的宣传，使得政府、企业、公众之间更加容易达成低碳发展的共识，为发展低碳经济、构建和谐社会打下了良好的基础。发展低碳经济对于促进社会和谐具有特殊的意义。煤炭产业发展低碳经济，通过高效的资源利用，降低碳排放量，带来大气环境的改善，这与可持续发展战略相一致，完全符合"以人为本""和谐社会"的发展理念。总之，当前的社会环境非常有利于煤炭产业的节能减排和低碳发展。

但从企业层面来说，企业文化是一个企业内在精神的代表，更是企业软实力的真实体现，从一个企业对其文化的重视程度就能够看出企业的发展目光和发展潜力，因此，文化建设对企业的内涵、形象及发展前景都发挥着十分重要的作用。越来越多的煤炭企业开始积极履行社会责任，体现"以人为本"的社会理念，根据企业的发展特点，确立自己的发展目标，建立符合广大员工共同价值观的企业文化，不断提高员工的整体素质，增强企业的凝聚力。同时，煤炭企业也越来越注重履行社会职责，致力于保护生态环境，改善当地居民的生活条件，大力兴建公益项目等，为和谐社区的构建发挥了重要作用。

4.2.3 法律环境

20 世纪 80 年代初，我国制定了"开发与节约并重"的能源发展方针，90 年代首次将节能列入了相关法规，将节能作为经济发展的一项长期的战略方针，标志着我国的节能减排走上了规范化、法制化的道路。节能减排在 21 世纪开始逐步推广开来，十六届五中全会提出将"节约资源"作为一项基本国策，并提出了"建设资源节约型、环境友好型社会"的战略目标，制定了"开发与节约并重，节约优先"的能源发展方针。在《国民经济和社会发展"十一五"规划纲要》中明确提出了"到 2010 年，万元 GDP 能耗比 2005 年降低 20%，主要污染物排放总量下降 10%"的指标。节能减排工作在全国如火如荼地展开。

从 1998 年的《中华人民共和国节约能源法》开始，一系列关于节能减排的法律、法规像雨后春笋般出现，为煤炭产业的低碳发展提供了坚实的法律保障。在《节约能源法》之后，2003 年出台了《排污征收使用管理条例》《节能减排统计监测及考核实施方案和办法》，2006 年又出台了《煤炭工业节能减排工作意见》《"十一五"主要污染物总量减排核查办法》《中国节能技术政策大纲》，2007 年，《节能中长期专项规划》《煤炭企业能效水平对标实施办法》《"十一五"资源综合利用指导意见》《能源发展"十一五"规划》《关于加快煤层气抽采有关税收政策问题的通知》等一系列节能减排政策相继实施，在全国范围内，掀起了节能减排的热潮，初步实现了经济效益、社会效益、环保效益三方兼顾发展的局面。《我国国民经济和社会发展"十二五"规划纲要》中制订了明确的发展目标："十二五"期间，单位 GDP 二氧化碳排放量降低 17％，化石能源在一次能源消费中的比重达到 88.6％，非化石能源的比重达到 11.4％，森林蓄积量增加 6 亿立方米。

相关法律、法规的建立与完善，为煤炭产业的节能减排、低碳发展提供了有效的支持。但是，从低碳经济的长远发展来看，需要制定一部完整的《低碳经济法》，可以为全社会不同层面的低碳发展提供更加全面有力的法律保障。

4.3　煤炭产业低碳发展的影响因素分析

4.3.1　压力因素

（1）低碳经济理念的欠缺

先进的低碳经济理念是低碳发展的条件[106]，而煤炭产业传统的粗放式发展理念已经根深蒂固，要转变起来非常困难。必须自上而下地培养低碳发展的意识，使企业管理者和广大员工都形成低碳发展的理念，用理念指导行为，这样才能通过制定低碳发展战略，部署低碳发展计划和具体措施，结合低碳技术创新来提升企业的发展效率[107]。企业必须采取多种渠道，加大对广大员工低碳经济理念的宣传、教育和引导，提高员工对低碳发展的认识深度，使员工发自内心、主动地去实践低碳发展，增强员工的社会责任感，将低碳发展理念刻进企业的每一个员工心中。

（2）碳减排压力

我国以煤为主的能源格局在今后相当长的时间内不会改变，二氧化碳及其他温室气体（甲烷、氧化亚氮等）的排放量都居世界前列。在可持续发展的框架下，我国积极应对气候变化的同时，正面临着来自发达国家和发展中国家的双重压力：一方面，我国全球第一的碳排放量，不断地被一些发达国家作为不参与减排计划的借口；另一方面，墨西哥、巴西等发展中国家也都宣布绝对的减排计划[108]。另外，这种以煤为主的能源格局也给煤炭企业带来了巨大的压力和挑战。在众多能源中，释放相等单位热量的情况下，煤炭的碳排放量是最高的，煤炭这种碳排放强度大的特点，对于煤炭企业的低碳发展具有一定的阻碍作用。煤炭企业要增强自身的可持续发展能力，必须适应新形势下的变革要求，大力实施节能减排，由高耗能、粗放式向低排放、低污染、集约化方式转变。

气候问题的压力迫使政府公布了我国的碳减排计划，在碳减排的过程中，煤炭产业处于举足轻重的地位，在政府的大力引导下，在低碳技术创新的支撑下，在煤炭企业的共同努力下，通过兼并重组、资源整合，逐渐建立起节能减排的运行机制，煤炭产业正向低碳发展的方向和目标迈进。同时，在承担着巨大的碳减排压力下，煤炭企业在技术创新、设备改造升级等方面仍然存在很多不足，需要不懈地努力。

（3）非化石能源的开发

我国的非化石能源主要包括风能、水能、生物质能、核能、太阳能等。其中，水力资源最为丰富，可开发装机规模约为 5.42亿千瓦时，年发电量可以达到 2.47 亿千瓦时，居世界首位；我国的风能资源开发也相当成熟，50 米高度的风能发电超过了 25 亿千瓦时，风能的发展非常迅速；我国的核能开发已经积累了丰富的经验，目前已建设核厂址的可支撑装机容量约 8000 万千瓦时，提供了丰富的电能资源；生物质能的来源主要有工业有机废水、农业林业的生物质能以及城市生活的垃圾污水和畜禽粪便等，生物质能是能源转换的主要潜力，我国现阶段主要用于制造气体、液体燃料及发电等；光伏发电产业发展也比较迅猛，投资规模比较大，每年接收的太阳辐射能约为 1.47×10^8 亿千瓦时[109]。

非化石能源的大力开发和利用对煤炭产业造成了很大的压力，刺激了煤炭企业生产经营方式的转变，煤炭企业必须将高排放、高污染的煤炭资源转变为低排放、低污染的清洁能源，才能提高企业的核心竞争力，才能有更广阔的发展前景。

4.3.2 推动力因素

（1）管理创新

管理是企业永恒的主题，是企业发展的基石。创新是现代企业进步的原动力，是增强核心竞争能力、获得跨越式发展、实现持续成长的决定性因素。在当今科学技术和经营环境急剧变化的复杂环境之中，企业管理者必须把握管理创新发展的新趋势、新要求，不断进行管理创新，把创新渗透于管理整个过程中。管理创新包括管理思想、管理理论、管理知识、管理方法、管理工具等的创新。按企业业务组织的系统划分，管理创新包括战略创新、模式创新、流程创新、标准创新、观念创新、风气创新、结构创新、制度创新。针对企业职能部门的管理而言，管理创新包括研发管理创新、生产管理创新、市场营销和销售管理创新、采购和供应链管理创新、人力资源管理创新、财务管理创新、信息管理创新等。

低碳经济背景下，煤炭企业的管理创新是企业实现低碳发展的重要内容和发展基础，煤炭企业只有建立起先进的企业管理制度，适应了新时代的发展要求，才能推动企业实现低碳经济的快速发展[110]。

（2）资金支持

煤炭企业要实现低碳发展，需要购入大量的低碳设备，进行低碳技术的引进、研发与创新，进行新能源的开发，这些都需要大量资金来推动。政府的信贷支持政策可以为煤炭企业提供资金支持。以山西省为例，为了支持本省煤炭企业的低碳转型发展，山西省政府提出了"山西资源型经济转型发展"的战略方针，制定了《关于金融支持山西资源型经济转型发展实施意见》，引导金融机构合理调整信贷政策，各金融机构积极响应"绿色信贷"政策引导，将"低碳"理念纳入企业信贷政策当中，针对煤炭资源项目整合、低碳经济园区建设等制定了融资支持政策，优化了煤炭企业发展低碳经济的信贷程序，有针对性地将信贷资金投入低碳经济的发展之中，推动了煤炭企业实现"降碳"发展[111]。

（3）人才培养

我国的低碳经济起步比较晚，低碳经济方面的专业人才相对缺乏，而人才是企业发展的根本。因此，煤炭企业发展低碳经济要"以人为本"，将人才的培养放在第一位，树立"以人为本"的人力资源管理理念，为人才的发展创造优越的环境和氛围，做到留住人才，发掘培养人才，为优秀人才提供广阔的发展空间，发挥他们的积极性和能动性，企业要做好人才培养的整体规划，提高企业员工的整体素质，为企业低碳经济的发展提供强有力的人才支撑体系。

（4）信息化

信息经济时代，信息技术的发展改变着人们的生活方式和思维方式，也变革着企业的经营管理模式，信息化助力企业提高经营管理效率，降低运作成本，进一步整合内部资源，密切与外部合作伙伴、客户的联系，实现企业的科学发展，从而提高企业自身的市场竞争力。近年来，企业信息化在传统煤炭企业的发展进程中扮演着越来越重要的角色，煤炭企业的低碳发展需要大量的信息支撑，比如政府关于低碳发展的政策及指标要求，煤炭产品市场的需求及价格信息等，信息化可以为煤炭产业的低碳发展提供坚实的基础，发挥越来越重要的推动作用[112]。

4.3.3　拉动力因素

（1）外部环境的要求

当前，国家转型发展战略的实施对煤炭产业的发展提出了新的要求：煤炭企业必须全面提升其低碳发展水平，在确保国家能源安全的前提下，保持可持续发展水平，为资源节约型、环境友好型社会的建设发挥推动作用。党的"十八大"创新性提出了"美丽中国"的概念及"五位一体"的文明建设理念，突出了"生态文明"的重要性。外部环境的一系列变化，迫使煤炭产业放弃粗放式的发展模式，进行结构调整，加快转变经济发展方式的步伐。

外部环境给煤炭产业带来压力的同时也带来了巨大的发展机遇，煤炭企业只要在困境中积极转变生产方式，加强精细化管理，引进先进的低碳技术，淘汰落后产能，实现绿色开采，大力建设生态园区，延伸煤炭产业链，实现多元化发展，煤炭企业就会在低碳经济转型发展中提升自身的竞争力，实现企业的健康可持续发展。

（2）市场需求的引导

煤炭行业是一个产业关联度很高的行业，作为国家的基础能源，下游产业有电力行业，炼焦行业，钢铁行业，建材行业，合成氨、电石及化工行业，其他产业和生活耗煤等，下游产业的发展给煤炭产业带来了巨大的市场需求。我国的电力生产 2/3 以上是火力发电，煤炭是火力发电最主要的原料，50％左右的煤炭都用来发电了，2010 年全国发电量 41413 亿千瓦时，其中火电 33253 亿千瓦时。冶金用煤占煤炭消费总量的 18％，钢铁行业也以煤炭为主要动力，化工行业使用的主要是无烟煤，建材行业中的玻璃、水泥、陶瓷等的生产也需要大量的煤炭资源[113]。

在我国产业结构、能源结构调整、低碳经济转型的大背景下，煤炭作为基础能源，需求仍然比较旺盛，煤炭需求的增长与 GDP 的增长仍然存在较强的正相关性，煤炭企业具有广阔的发展空间，而低碳发展是其必由之路。

（3）企业文化的引导

企业文化建设，是提高企业凝聚力、激励员工奋发向上的力量，也是一个企业综合素质的体现。煤炭企业低碳文化的建设，可以使企业的发展与产业低碳发展的战略协调一致，更好地适应国家发展低碳经济的大方向，更好地塑造企业的生态形象。低碳文化的建设，可以帮助企业员工形成保护环境的意识和理念，培养保护环境、注重节约的优秀品质，充分发挥个人的潜能、实现自我价值[114]。

（4）产业结构的调整

国家统计局 2014 年 1 月 20 日发布的统计数据显示，中国产业结构调整取得历史性变化：第三产业（服务业）增加值占国内生产总值（GDP）比重 2013 年提高到 46.1%，首次超过第二产业。2013 年中国 GDP 为 568845 亿元，按可比价格计算，比上年增长 7.7%。其中，第二产业增加值为 249684 亿元，增长 7.8%；第三产业增加值为 262204 亿元，增长 8.3%[115]。

在这一形势下，煤炭产业的结构调整也进行得如火如荼。产业结构调整推动了大型煤炭基地建设的步伐，加快了煤炭企业兼并重组、资源整合的速度，使得大型煤炭集团的核心竞争力以及抵抗风险的能力大大提升，多元化的发展策略，扩大了煤炭企业的发展规模，加快了煤炭产业升级改造的进程，使得煤炭企业能够更好地进行低碳转型发展[116]。产业结构调整对煤炭企业来说是一次难得的机遇，企业要以市场需求为导向，调整产品结构，延伸产业链，充分发挥规模经济效应，将企业自身的发展融入国民经济结构调整的洪流中，寻找更广阔的发展空间。

（5）政府的调控作用

产业的结构调整、低碳发展，企业的转型升级，都离不开政府的宏观调控的支持和推动，由于我国现有的市场机制仍然不完善、不规范、不成熟，需要政府部门运用宏观调控手段来营造公平的市场环境，因此，可以说，政府的宏观调控在产业低碳转型发展中起着主导性作用[117]。

只有发挥好政府的主导作用，通过政府的低碳发展规划，为煤炭产业的发展指明目标和方向，通过制定煤炭产业低碳发展的相关法律政策，为煤炭产业的低碳发展创造良好的外部环境，通过加强对煤炭产业低碳发展的监督和管理，保证煤炭产业低碳转型发展的顺利实现。

4.3.4　支撑力因素

（1）资源共享

作为资源禀赋型企业，煤炭企业具有煤炭资源丰富、资源开发利用比较经济、资源利用途径多样化等特征，具备很好的资源共享的条件。随着煤炭企业资源整合、兼并重组、多元化发展步伐的加快，企业的产品种类不断增加，企业之间的关系正逐渐由恶意竞争向协同合作转变，企业之间通过资源共享，紧密联系，共同提高企业的运作效率和市场绩效。

资源共享机制让煤炭企业发现了更多的资源利用途径，通过与供应商、合作伙伴建立的合作关系，共享行业市场信息，实现联盟成员之间的及时交流和协同管理，共同提高市场竞争力[118]。

（2）技术创新

低碳技术创新是煤炭企业低碳发展的核心和基础。煤炭开采环节的技术创新，比如综采综掘、近距离开采技术，可以提高煤炭产出率；电力电子调节、液压风叶调节等矿井通风技术，可以提高通风效果，从而提高安全率；大型机电设备交流变频调速技术可以实现节电30%，先进的电机系统优化控制系统可以实现节电10%～15%，提高设备运行效率[119]；煤炭洗选环节的技术创新主要围绕选煤技术、型煤技术、燃前脱硫技术等展开，比如物理洗选煤法、化学洗选煤法、煤的气化和液化等；煤炭转化环节的低碳技术创新主要包括煤炭气化、煤炭液化技术等，这些技术能够改变能源消费结构，合理地调节产业链的现状，解决因燃煤造成的环境污染问题；煤炭燃烧终端的技术创新主要包括发电和燃煤工业锅炉两个方面，一是通过先进技术改造原有机组，实现节能减排；二是采用超临界、超临界压力参数、大容量、高效率机组，取得显著的节能和改善环境的效果[120]。

4.4　煤炭产业低碳发展系统自组织理论分析

4.4.1　煤炭产业低碳发展系统的耗散结构特征

（1）煤炭产业低碳发展系统的界定

低碳发展是以"三低三高"（即低污染、低能耗、低排放、高效率、高效能、高效益）为特征的经济发展模式，它的发展目标是保持地球温室气体的排放浓度处于一个对环境没有威胁性的水平上，为了实现这个目标，人类必须自觉地减少高碳能源的消耗以及温室气体的排放，低碳发展就是将传统的高碳发展模式逐渐转变为低碳发展模式的一种新的经济发展理念，最终实现社会经济发展、生态环境保护的双赢。煤炭产业低碳发展系统涉及低碳、发展、系统三个概念，因此，煤炭产业低碳发展系统的内涵应该体现出"低碳"的特征，必须符合"产业发展"的要求，并且具备"系统"的特性。

低碳发展的核心内容就是依靠政策措施和技术创新，通过节能减排技术、新能源技术的创新应用，开发清洁能源，实现能源的高效利用，建立一种以低排放、低污染、低能耗为特征的新型发展模式。由此可见，低碳发展既是经济问题，也是环境问题，更是社会问题，因此，要从系统论的角度来对这个问题进行考察。煤炭产业低碳发展系统可以被看成整个经济社会环境大系统的一个组成部分，是包含宏观、中观、微观三个层面的复杂系统，在这个系统中，任何一个地区、一个部门在经济、社会、环境等方面的变化，都会对系统整体的运行产生影响。

（2）煤炭产业低碳发展系统的开放性

煤炭产业低碳发展系统是一个开放系统，它与外界环境不断地进行着物质、能量及信息的交换，系统与环境之间的这种交换关系属性就是系统的开放性，系统开放性的表征方式包括物质能量的输入与输出两个方面。

其一，煤炭产业低碳发展系统作为一个典型的开放系统，它在与外界环境或其他系统进行能量、物质、信息交换的过程中，为了维持系统自身的有序发展，也会向外部环境输出大量污染废弃物，这些污染废弃物来自煤炭生产或消费过程[121]。

其二，由于煤炭产业低碳发展系统具有开放性特征，并且系统内部包含很多控制变量和多重正反馈、负反馈关系，使系统存在一个可以把系统自身与外界环境有机结合起来的系统边界，但同时，这个边界又能使系统与外接保持一定程度的隔离，使得系统内部与外部环境能够互相转化、协调发展。煤炭产业低碳发展系统的开放性特性，是耗散结构形成的必要条件之一。

其三，由于煤炭产业低碳发展系统不断同外界发生物质、能量和信息的交换，不断地从外部环境中吸收负熵，使系统呈现出由低级向高级、由无序向有序动态演化的特征。

（3）煤炭产业低碳发展系统的远离平衡态

煤炭产业低碳发展系统是一个动态的、开放的系统，具有远离平衡态的特征，系统内部各地区、各部门、各利益主体的发展水平存在差异，在外部环境（社会、经济、政策等）各种因素的影响和驱动下，系统内部的各个主体不断进行创新和发展，这样就会不断产生有规则的波动和随机扰动的叠加，系统的这种随机涨落会导致系统朝着有序的状态发展。

（4）煤炭产业低碳发展系统的非线性相干性

煤炭产业低碳发展系统是一个包含着诸多子系统的开放系统，系统的非线性相干性是指各子系统之间具有相互作用、相互影响、相互依存的复杂关系，既有正反馈的强化作用，也存在负反馈的弱化作用，即使是同一子系统，当处于不同的外部环境条件下，它在整个系统中所发挥的作用也不尽相同。这种非线性相干性就是煤炭产业低碳发展系统自组织演化的重要条件。系统内部各组成要素之间和各个状态变量之间具有非线性的相互作用关系，系统内部的要素波动具有能够产生干涉效应的相干性属性，系统内部因素的随机涨落和外部环境因素的干扰，使得煤炭产业低碳发展系统与外界环境之间也具有非线性相干性。

（5）煤炭产业低碳发展系统的随机涨落

耗散结构理论阐述了当系统到达阈值附近时，微涨落会通过系统的非线性反馈导致系统发生巨涨落，并且可能使系统达到一个新的平衡状态[122]。而煤炭产业低碳发展系统正是一个涨落有序的非平衡态开放系统，由于系统内部因素和外部环境的影响，系统会出现随机涨落的现象，涨落对煤炭产业低碳发展系统的演变发挥着重要的作用。当煤炭产业低碳发展系统的外部环境发生变化时，系统中的产业结构调整、资源要素配置、低碳技术革命等某一方面的变化，都会引起系统内部一系列因素的变化，将系统内部各种要素之间的非线性耦合机制放大成微涨落或巨涨落，最终成为系统自组织演化的决定性因素[123]。

4.4.2 煤炭产业低碳发展系统的熵值与熵流

熵的概念是由德国物理学家克劳修斯于 19 世纪 60 年代提出的，最初这一概念是用来描述能量转化量和转化方向的，表示物质系统中能量的衰竭程度，是对系统状态不确定性程度的一种度量[124]，被称为克劳修斯熵，其数学表达为：$dS = dQ/T$，即熵 (S) 的微小增量等于可逆元过程从状态 X_0 到状态 X 所吸收的热量与温度之比，这是对熵本质的一种宏观表述。1856 年，克劳修斯将这一结论推广到不可逆过程，得出热力学系统的熵增加原理，即 $dS > 0$，这一原理被看做对热力学第二定律的数学表述，即在系统演化的不可逆过程中，系统由初态转到终态的过程中，熵将增加。

对于煤炭产业低碳发展系统来说，熵是对系统内部各种不和谐因素导致的系统不稳定或混乱无序程度的量度[125]。系统正熵流的不断累加，意味着系统的无序化程度在增加；负熵流的不断累加，则意味着系统正在形成有序的演化趋势。当正熵流累积到极大值时，系统便会从整体上走向崩溃。因此系统需要不断地从外界获取负熵流（比如产业政策的引导与干预）以抵消自身正熵值的增加，从而维持系统自身的稳定、有序状态[126]。

（1）煤炭产业低碳发展系统的正熵流

煤炭产业低碳发展系统的各种外部环境因素都是系统正熵流形成的催化剂，例如，由于缺乏统一的规划导致系统内部各利益主体都在盲目追求利益最大化；由于缺乏有效管理和协调，系统内部各经济主体组织关系处于松散、无序状态，各利益主体之间缺乏积极合作，甚至处于无序的恶性竞争之中；低碳发展的市场环境、政策法律发生变化，等等[127]。

（2）煤炭产业低碳发展系统的负熵流

煤炭产业低碳发展系统内部的负熵流的形成必须依赖于外部环境中某些因素的强制作用，比如正确的产业发展政策。在煤炭产业低碳发展过程中，生成负熵流的因素主要包括：关于系统内部各利益主体间合作精神的倡导与协调；政府制定合理的煤炭产业低碳发展的长远规划；积极营造良好的低碳发展理念以及低碳文化氛围；采取有效措施应对低碳发展市场环境的变化；构建完善的政策法规体系。

（3）煤炭产业低碳发展系统的总熵流

煤炭产业低碳发展系统投入的原材料是高熵流物质，产出的是低熵流的产品，系统的整个生产过程是一个将高熵流原料转变成低熵流产品的过程[128]。由于系统中的每一个环节都要伴随着熵值的增加，而且所增加的熵流都被排放到社会经济环境这一大的系统中，最终系统中熵流产生速率和总熵流一直处于不断增加的状态中[129]。

依据耗散结构理论，煤炭产业低碳发展系统本身必然存在着一条活动边界，正是边界作用使煤炭产业经济系统与低碳系统相结合[130]，并在一定条件下实现协调发展，低碳经济系统中的总熵流的增减关系可以通过式（4—6）来表达：

$$D = dp + dn \qquad dp \geqslant 0 \qquad (4-6)$$

在式（4—7）中，D 代表系统的总熵流变化量；dn 代表系统的负熵流增加量；dp 代表系统的正熵流增加量，开放系统的负熵流大于正熵流，如式（4—7）所示：

$$D = dp + dn \qquad (4-7)$$

式中，$dn < 0$，$D < 0$，当系统从外界不断吸收负熵流而使系统总熵流小于零时，表明煤炭产业低碳发展系统正在向更高一级形

态进行自组织有序演进。

当然，在煤炭产业低碳发展系统演进的过程中，也可能会出现总熵流大于零的情况，表明由于系统的正熵流的不断聚集，系统正在向无序结构演进。此时，必须根据系统所处的外部环境状况，选择正确的变量增加负熵流的流量，并将控制变量设定到达某一特定阈值[131]，使系统能够通过自身具备的自组织功能，向有序结构演进。

4.4.3 煤炭产业低碳发展系统的自组织演化机理

(1) 煤炭产业低碳发展系统自组织的混沌与协同

煤炭产业低碳发展系统的耗散结构特征是系统自组织演化的基本条件，而系统内部各子系统在序参量支配下的协同与竞争，才是煤炭产业低碳发展系统自组织演化的内在动力机制。煤炭产业低碳发展系统内部各行为主体的行为常常表现出一些混沌状态，假如我们只是遵循传统、简单的规则对其行为进行判断，就会凭借以经验、知识为背景的直觉来进行决策，得不到优化的结果，这就是人们所说的"固错效应"，即先设定一个参照目标，然后对照设定目标进行调整，这种决策结果具有很大的任意性和随机性[132]。

关于煤炭产业低碳发展系统自组织内部的混沌现象，应该采用分数维方法论来进行量度，这就好像概率统计中的概率或者模糊数学中的隶属度[133]。煤炭产业低碳发展系统一旦演进到混沌边缘，系统从前个一时间至下一个时间的波动程度便会呈现出一定的概率分布状态，此状态显示出煤炭产业低碳发展系统的外部环境具有发生较大动荡的可能性。

煤炭产业低碳发展系统的开放性、远离平衡态、非线性特征，以及系统内部的混沌现象，需要我们用协同的思想来进行管理，才能达到兼顾产业发展与环境可持续发展的目标，从而实现经济效益的最大化和环境效益的最大化。在煤炭产业低碳发展系统的自组织演化过程中，产业经济发展系统的功能不是系统内部各利益主体功能的简单加和，而是具有整体功能大于局部功能加和的特点，这正是协同学理论的精髓。在一个远离平衡态、非线性、开放的大系统中，随着系统内部主体功能的不断增加，整个系统就会逐步进化到一种全新的、宏观有序的状态[134]，系统外部环境的作用力起到了"四两拨千斤"的作用，就像政府的管理规制、调控政策等在我国煤炭产业低碳发展过程中发挥的作用，政府宏观调控职能的正确行使正是系统自组织演化的控制参量，因此，正确制定产业低碳发展政策对于我国煤炭产业低碳发展系统的自组织协同具有战略性的指导意义。

（2）煤炭产业低碳发展系统的序参量

在复杂系统自组织演化过程中，序参量就是影响系统自组织有序程度的主要因素，系统在不同的相变状态之间进行转化的过程中，能够揭示出系统新的序参量的集体协同行为[135]。在复杂的社会经济大系统中，也可能会存在两个或两个以上序参量同时占据主导地位的现象，因此，单一序参量主导地位的依次演变具有非唯一性的特征[136]。

在煤炭产业低碳发展系统自组织演化的不同阶段，由于序参量之间的相互竞争与协同，可能会有两个或两个以上的序参量占据主导地位，但是这些序参量可能不是依次重演，而是逆次重演或者是局部反复重演，各子系统之间的相互竞争与协同，促使整个系统不断呈现着从稳定到不稳定，再到稳定的循环过程。

而在煤炭产业低碳发展系统自组织演化过程中，支配着其他变量的变化，决定着整个系统演化的关键因素，从宏观、中观、微观层面进行分析，大体可以确定为产业政策激励、低碳技术创新、企业环境管理三个不同层面的决定因素，这三个因素决定着系统演化的方向，同时也决定着系统宏观有序的程度，这三个变量构建了共生演化的状态变量空间，发挥着支配、役使系统以及各子系统的作用，从而主宰着整个系统演化的过程。在这三个序参量中，低碳技术创新的弛豫系数最大，而产业政策激励的弛豫系数相对小一些，弛豫系数最小的是企业环境管理，这说明我国煤炭产业的发展正由投资驱动逐步转向创新驱动、市场驱动，这一阶段的低碳技术创新将成为促进煤炭产业低碳发展系统自组织演化的要素。

（3）煤炭产业低碳发展系统的超循环耦合

煤炭产业低碳发展系统内部与外部非线性的相互作用，是系统向有序方向不断演化的根本原因，并促使了系统内循环的产生。自然界普遍存在的熵增作用使得自组织系统通过其内部的自稳定、竞争、协同、突现、选择等过程，最终形成了一种逆熵增而动的、自主的作用机制。由于系统中各子系统间的复杂关系整体上表现为一定的循环形式，而这些循环结构的稳定性又是各子系统功能亲和、互动、循环形成的非线性，因此，超循环是煤炭产业低碳发展自组织系统非线性作用的载体及表现形式。

在煤炭产业低碳发展自组织系统中，每一个子系统都是一个反应循环，它们相互联系，从而形成了二级循环网络，并相互提供催化支持[137]。因此，系统内部演化动力相互作用的表现形式就是系统的超循环，它把系统的竞争协同和循环演化紧密联系起来，也是系统非线性作用的表现形式以及结合途径。煤炭产业低碳发展系统自组织超循环由三个循环圈层层展开，彼此之间实现催化耦合[138]，最终形成系统的超循环结构。

其一，宏观层面的循环圈。

煤炭产业低碳发展自组织系统宏观层面的循环圈是指在整个社会中形成的低碳经济发展的大系统和低碳经济发展的大环境，以及在全社会范围内构建的相互依赖、相互制约、错综复杂的低碳经济发展系统的自组织网状结构。在宏观层面的循环圈中，政府、产业、企业各自形成独立的子系统，每个子系统都存在着自循环，通过单向或双向的能量、物质、信息的交流，通过相互的联系，不断地趋于稳定和平衡，并且推动着整个大系统的循环演化，使整个大系统处于由低级向高级不断地进化、由简单向复杂不断地循环的过程之中。

煤炭产业低碳发展自组织系统宏观层面的循环圈具有多层次的循环，系统的各子系统之间的相互作用、嵌套配合就形成了系统复杂的超循环结构，并且不同层次的循环形式，其复杂性是依次上升的，其自适应能力以及进化功能也是依次增强的[139]。

其二，中观层面的循环圈。

人类的经济社会系统不断地从外部环境中获取资源，经过系统内的资源开发者、资源加工者、产品消费者、废弃物处理者等的使用、消费、处理之后，再以适当的方式将其产生的废物排出到系统的外部环境之中[140]。这些废弃物通过其他中观层面的循环圈子系统的利用，可以再次以可利用资源的形式进入人类经济社会大系统之中，继续维持着经济社会系统与外部环境系统之间的反馈流程，构成中观层面的循环圈。

煤炭产业低碳发展自组织系统中观层面的循环圈主要是指煤炭产业内、煤炭产业与其他产业间的物质循环，属于自组织超循环中的催化循环层面，主要是指煤炭产业内各主体通过资源共享与互换，形成一个产业内的共生体，使产业内各经济主体间在资源、能源等方面形成多赢与互补的态势。例如煤炭企业为了提高资源的利用效率、提高企业的经济效益，自发地与其他企业建立共生产业链，既能够实现企业的自我增进又可以促进企业之间的相互耦合，随着共生产业链上企业数量的不断增加，企业之间的协作关系的日益密切，企业的资源利用率就会逐渐提升，从而形成产业层面的中循环。这种催化循环结构能够表现出更多的企业群体优势，比单个企业的运作有着更高的经济效益和更大的环境价值。

其三，微观层面的循环圈。

煤炭产业低碳发展自组织系统微观层面的循环圈主要是指煤炭产业中各煤炭企业内部的物质循环圈，此循环圈是以煤炭企业的生产工艺流程为主要对象，在企业或企业集团的内部自主地形成一个高效、基础、封闭的循环系统，是煤炭企业实现经济效益与环境绩效双赢目标的根本保障。

煤炭企业是构建煤炭产业低碳发展自组织系统超循环模式的基本单位，主要包括煤炭企业积极推行清洁生产，在生产过程中，通过技术创新、技术改造等手段，尽量缩减物料及能源的消耗量，减少废弃物与有害物质的排放量，并进一步提高产品的耐用性，实现企业经济效益、社会效益与环境效益的多赢目标。

第5章 煤炭企业生态产业链演化及构建

5.1 煤炭产业链自组织演化过程仿真分析

大多数的煤炭产业链都形成于煤炭资源的开采、加工、利用过程中，煤炭产业链就是围绕满足煤炭企业的生产过程涉及的一些具有上下游关系的企业集合，或者是满足煤炭生产中某一产品的生产过程涉及的所有企业的集合。换句话说，煤炭产业链是基于原煤的开采、深加工过程涉及的一些具有相互关联关系的产业集合，煤炭产业链以煤炭企业作为核心，以煤炭资源作为基础，以煤炭的深加工、煤炭共伴生资源的综合利用作为产业节点，把与煤有关的资本、产品、知识作为纽带，以市场需求为导向，将煤炭产品附加值的增值作为产业链目标，由此形成网络关联的具有动态特征的链式组织。产业链上的组织基于空间上的集中、市场需求上的联系、降低交易费用的目的，从不同的起点最终走向联合，形成了利益紧密相关的产业共同体。

纵向内涵式煤炭产业链是以煤炭资源开发为基础，在煤炭资源的深加工、利用过程中建立的产业链，它的主要形式是以煤炭生产企业为起点向产业链的下游延伸，比如目前最常见的煤电、煤气化、煤焦化产业链等，这一类产业链的延伸基本符合产业链的前向关联的特征，适合于往下游产业链的延伸，从而实现了煤炭产业链的不断演化的过程。

作为煤炭产业低碳发展系统的子系统，煤炭产业链就像其他子系统一样，都是在系统内部、外部力量共同作用下而形成和不断演进的。本研究尝试运用系统动力学的理论与方法，在对系统结构进行深入分析的基础上，构建煤炭产业链系统演进的动力学模型，通过仿真模拟煤炭产业链的演化过程，并对模拟结果进行对比分析，为煤炭产业链的构建、演化与发展提供科学的措施和建议。

5.1.1 煤炭产业链的系统动力学分析

系统动力学主要是对复杂系统结构特征的描述、分析与模拟，为了能够对系统结构进行清晰合理的描述，系统动力学都要把复杂系统进行科学的划分，将整个系统划分为若干个相互影响、相互作用的子系统，通过建立系统的反馈回路，分析每一个反馈回路的组成及从属成分，描述系统中各子系统间的非线性关系和反馈关系，把各个子系统连接成一个有机的整体，系统动力学的关系模型如下。

$$W = (S,\ M_{jk})$$
$$S = \{Si \mid i \in I\}$$
$$M_{jk} = \{m_{jk} \mid j \in J,\ k \in K,\ 且\ J + K = I\}$$

式中，W 表示整体系统；S 表示系统中的子系统；M_{jk} 表示各子系统之间的关联关系矩阵，根据系统结构的不同，一般可以把子系统的结构划分为两类：良性结构和非良性结构，具有良性结构的子系统，其结构关系一般可以直接运用辅助变量、状态变量、速度变量及逻辑函数、数学函数、延迟函数、常数等来表示。

运用系统动力学来研究复杂系统,其整个研究过程的重点和目的就是实现对系统的认识,这是一个循环往复的研究过程,要清楚认识系统的多重反馈关系,明确各子系统之间的非线性作用机理,在系统分析的基础上,构建模拟整个系统运行的动力学模型,并进行系统仿真分析,根据系统仿真结果提出一系列具有科学性、可行性的对策建议。

(1) 煤炭产业链系统的产品链网络

煤炭作为最上游产业,其产业链比较长,直接的下游行业包括火电、钢铁冶金、水泥建材、化工行业等,通过分析煤炭产业链上各产品的供需关系,可以清晰地勾画出产业链上各产品链的形态、特征及相互联系,煤炭产业链中最常见的是煤电产业链、煤焦化产业链、煤气化产业链,它们的共同特点是以煤炭为原料,通过对煤炭的延伸加工,形成不同的产业链条。比如,当具备较低的煤炭价格、有保障的上网电量、合理的运输费用时,可以构建煤电产业链,利用煤电联营模式,变输煤为输电。煤化工行业则是对煤炭资源的深加工利用,包括传统煤化工和新型煤化工,传统煤化工主要是指煤焦化和煤气化制合成氨,新型煤化工则包括煤气化制取甲醇、二甲醚及其下游产品,煤间接液化制油和烯烃,以及煤直接液化制液体燃料等。

在煤电、煤焦化、煤气化三条产业链中,原煤都是整个系统中产品的出发点,通过原煤的洗选及不同的加工过程,三条产业链有机地整合在一起,形成了一个比较复杂的煤炭产业链系统的产品链网络,如图 5-1 所示。

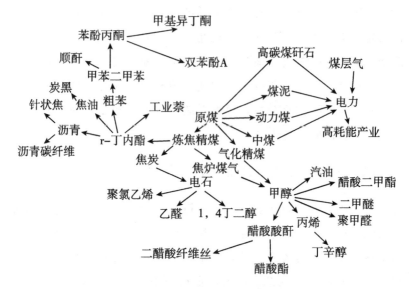

图 5-1　煤炭产业链系统的产品链结构

（2）煤炭产业链系统的因果关系

根据系统动力学原理，系统内部各要素之间存在着因果反馈关系，如果事件 E 引起事件 F，则事件 E 和事件 F 之间便形成了因果关系。若事件 E 增加引起事件 F 增加，则事件 E 和事件 F 就构成了正的因果关系；若事件 E 减少引起事件 F 减少，则事件 E 和事件 F 之间就构成了负的因果关系。两个以上因果关系链首尾相连就构成了反馈回路，也分为正反馈回路、负反馈回路，系统动力学模型构建的基础就是对系统的因果关系全面深入的分析。在对煤电、煤焦化、煤气化三条产业链结构关系分析的基础上，通过分析各产业链煤炭的需求和消耗情况，增加产业链产值因素，并设置产业链投资这一正反馈回路，分别构建煤电、煤焦化、煤气化产业链的因果反馈关系，如图 5-2、图 5-3 和图 5-4 所示。

图 5-2　煤电产业链因果关系

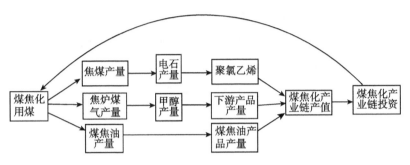

图 5-3　煤焦化产业链因果关系

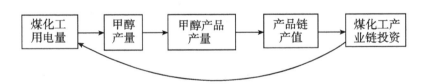

图 5-4　煤化工产业链因果反馈关系

5.1.2　煤炭产业链模块系统构建及结构分析

在对煤电、煤焦化、煤气化三条产业链的因果反馈关系进行分析的基础上，构建煤炭产业链的系统模型。首先，将三条产业链分割成具有整体功能的子系统，对产业链进行各自的模块构建；其次，通过对模块的分析，构建各条产业链的模型结构；最后，对整个煤炭产业链系统进行模型构建。

（1）模块系统的构建

煤炭产业链中主要的模块子系统可以划分为税费模块子系统、成本模块子系统、产能及投资模块子系统等。

①税费模块子系统

企业税费主要是指企业在经营过程中需要缴纳的各种税费，主要包含了企业的进项增值税、出项增值税、城建税、教育费附加等，对于一般纳税人，增值税按销售收入的 17％缴纳，城建税按缴纳的营业税与增值税之和的 7％缴纳，教育费附加则按缴纳的营业税与增值税之和的 3％缴纳。税费模块子系统结构如图 5-5 所示。

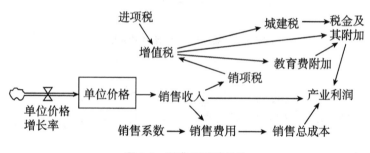

图 5-5 税费子系统结构

税费模块子系统的主要方程式如下：

税金及其附加＝增值税＋城建税＋教育费附加

增值税＝销项税－进项税

销项税＝销售收入×17％

教育费附加＝增值税×3％

城建税＝增值税×7％

单位价格＝INTEG（单位价格增长率）

营销费用＝销售收入×营销系数

产业利润＝销售收入－销售总成本－税金及其附加－产业固定资产折旧

②成本模块子系统

企业的成本模块子系统主要是指企业在生产经营管理过程中发生的成本，主要包括企业产品的生产成本和经营管理费用。产品的生产成本是指企业为生产一定种类、一定数量的产品所支出的各种生产费用的总和，企业的经营管理费用主要包括企业的营销费用、管理费用、财务费用等。成本模块子系统结构如图 5-6 所示。

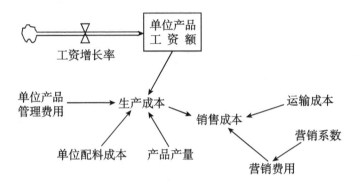

图 5-6　成本模块子系统结构

成本模块子系统的主要方程式如下：

销售成本＝生产成本＋营销费用＋运输成本

生产成本＝（单位产品工资额＋单位产品管理费用＋单位配料成本）×产品产量

单位产品工资额＝INTEG（工资增长率）

③产能及投资模块子系统

生产能力是指在计划期内，企业参与生产的全部固定资产，在既定的组织技术条件下，所能生产的产品数量，或者能够处理的原材料数量。生产能力是衡量企业生产加工能力的一个技术参数，也能反映出企业的生产规模。企业的固定资产投资是建造和购置固定资产的经济活动，包括固定资产更新（局部和全部更新）、改建、扩建、新建等活动。固定资产投资额是以货币表现的建造和购置固定资产活动的工作量，它是反映固定资产投资规模、速度、比例关系和使用方向的综合性指标。企业对固定资产的投资可以提高企业的产能指标，而固定资产的折旧、报废则会使企业产能下降。产能及投资模块子系统结构如图5-7所示。

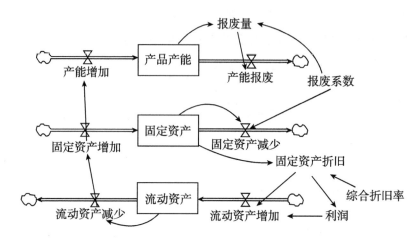

图 5-7 产能及投资模块子系统结构

产能及投资模块子系统的主要方程式如下：

产品产能＝INTEG（产能增加－产能报废）

产能报废＝产品产能×报废系数

固定资产＝INTEG（固定资产增加－固定资产减少）

固定资产减少＝固定资产折旧＋固定资产×报废系数

固定资产折旧＝固定资产×综合折旧率

流动资产＝INTEG（流动资产增加－流动资产减少）

流动资产增加＝固定资产折旧＋利润

（2）煤炭产业链系统结构分析

通过分析煤炭产业链系统的因果反馈关系，以及煤炭产业链中税费模块子系统、成本模块子系统、产能及投资模块子系统的结构，根据三种产业链的具体特点，进行各子系统模块的功能组合，构建煤电产业链、煤焦化产业链、煤气化产业链的系统动力学模型。

①煤电产业链系统结构模型

煤电产业链是煤炭产业链的重要模式之一，主要是指就地利用煤炭进行发电，用于发电的煤炭一般都是原煤经过洗选加工分离出来的动力煤，也有碳含量较低的中煤、泥煤，或者是高碳煤矸石。

随着经济社会的发展，我国的能源需求特别是电力需求的缺口不断加大，构建煤电产业链，尤其是建设坑口电厂，不仅可以提高电能供给量，并且大大降低了煤炭的运输、储存成本，同时，利用煤矸石进行发电，实现了矿区的废弃资源再利用，可以改善矿区的生态环境，降低污染，对煤炭产业低碳发展意义重大。煤电产业链系统结构如图 5-8 所示。

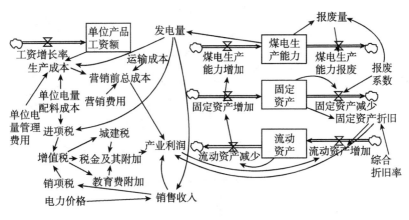

图 5-8　煤电产业链系统结构

②煤焦化产业链系统结构模型

煤焦化又称煤炭高温干馏，是以煤炭为原料，在隔绝空气的条件下，经过 950℃ 高温干馏生产焦炭，同时获得煤气、煤焦油，并回收其他化工产品的一种煤转化工艺。焦炭的主要用途是炼铁，少量用作化工原料制造电石、电极等。煤焦油是黑色黏稠性的油状液体，其中含有苯、酚、萘、蒽、菲等重要化工原料，是医药、农药、炸药、染料等行业的原料，应用十分广泛。

　　煤焦化产业链主要是利用煤焦化工艺进行一系列煤炭衍生产品的生产，由于产品种类比较多，附加值比较高，可以为企业带来较高的经济效益，同时，也实现了煤炭企业的资源深加工和循环利用，对于煤炭产业循环经济的发展具有很大的促进作用。煤焦化产业链系统结构如图 5-9 所示。

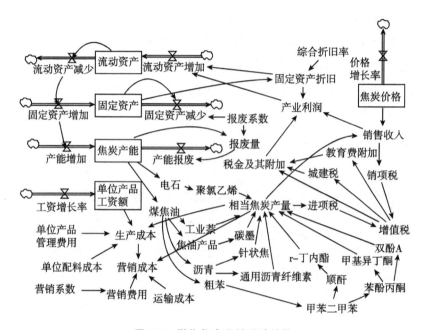

图 5-9　煤焦化产业链系统结构

③煤气化产业链系统结构模型

　　煤气化是一个热化学反应过程，是指以煤或煤焦为原料，以氧气（空气、富氧或纯氧）、水蒸气或氢气等作气化剂，在高温条件下通过化学反应将煤或煤焦中的可燃部分转化为气体燃料的过程。煤气化工艺是生产合成气产品的主要途径之一，通过气化过程将固态的煤转化成气态的合成气，同时产生蒸汽、焦油、灰渣等副产品。

　　煤气化产业链主要是利用煤气化技术和工艺生产衍生产品，由于以甲醇为代表的煤气化产品是重要的工业产品原料，附加值非常高，企业的经济效益可观。随着全球石油危机的不断加剧，石油化工原料愈加紧缺，生产成本也不断上升，因此，煤化工具有越来越广阔的发展前景，将成为逐渐取代石油化工的一条有效途径。煤气化产业链系统结构如图 5-10 所示。

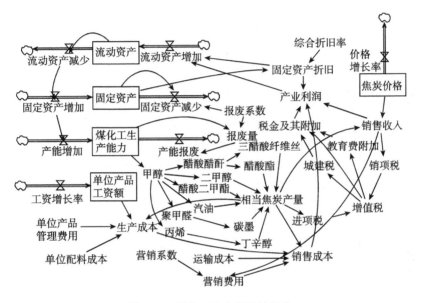

图 5-10　煤化工产业链系统结构

④煤炭产业链系统结构模型

煤炭产业链是指基于煤炭的开采、深加工过程涉及的具有相互关联关系的产业集合，是具有动态特征的链式组织。煤炭企业是整个产业链的核心，煤炭资源是产业链的基础，产业链节点则是煤炭的深加工、煤炭共伴生资源的综合利用，与煤炭有关的资本、产品、知识等要素是煤炭产业链联结的纽带，煤炭产业链以市场需求为导向，产业链的最终目标是实现煤炭产品附加值的增值。通过前面对煤电、煤焦化、煤气化产业链系统的结构分析，构建煤炭产业链系统结构模型，如图 5-11 所示。

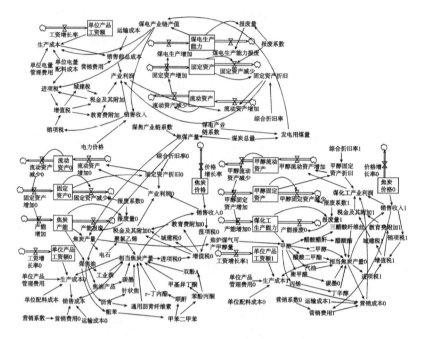

图 5-11　煤炭产业链系统结构

5.1.3　煤炭产业链的系统演化：以山东枣庄矿业集团为例

（1）枣庄矿业集团产业链现状

枣庄矿业集团公司井田东西长约 100 千米，南北宽约 50 千米，总面积约 5000 平方千米。现有柴里煤矿、蒋庄煤矿、田陈煤矿、滨湖煤矿、高庄煤业公司、付村煤业公司、新安煤业公司 7 对骨干生产矿井。主要生产肥煤、气煤、焦煤等。枣庄矿业集团生产经营涉足煤炭开采、矿井建设、洗选加工、煤焦化工、橡胶化工、机械制造、现代物流、建筑建材、煤矸石发电等领域，产品销往国内十几个省市，出口日本、韩国、朝鲜、巴西等国家与地区，是全国重要的煤炭生产基地和全国十大商品煤出口基地之一，目前已经初步形成了煤电、煤化工、煤焦化等多产业链发展的战略格局。

（2）枣庄矿业集团煤炭产业链演化过程的仿真设计

①系统模型变量的设置

系统动力学模型的变量主要包括速率变量、状态变量、辅助变量、常量等，状态变量代表事物（包括物质的和非物质的）的积累，表示某一系统变量在某一特定时刻的状况，代表系统过去累积的结果，是流入率和流出率的净差额，必须在速率变量的作用下才能从一个数值状态转变到另一个数值状态。煤炭产业链系统动力学模型中，状态变量主要包括生产能力、固定资产、流动资产、单位产品工资额等；速率变量又被称为决策变量，是指那些随着时间的推移，能使状态变量的值发生变化（增加或减少）的变量，速率变量能够表示某个水平变量变化的快慢，煤炭产业链系统动力学模型中，速率变量包括工资增长率、固定资产增加、流动资产增加、产能增加、产能报废、固定资产减少、流动资产减少等；当速率变量的表达式比较复杂时，系统中可以用辅助变量描述其中的一部分，可以使速率变量的表达式简化。除此之外，系统中还会有一些始终保持不变的常量。

②系统模型参数的设置

系统动力学模型在进行模拟之前，首先应对模型中的所有参数（常数、表函数、状态变量方程的初始值等）进行赋值，系统动力学模型的基本结构是信息反馈，反馈模型的行为对参数变化是不敏感的，模型的模式与结果主要取决于模型结构而不是参数值的大小。系统动力学模型参数估计的原则是：对模型参数的准确度应有适当的要求，即只要满足建模要求即可，无须盲目追求高准确度，以免浪费时间、人力和物力。对某参数的估计，应以模型行为对该参数的灵敏度如何而定，可以粗略地试用参数的一些可能值进行模拟测试，直至模型行为无显著变化时，就把其相应值确定为该参数值。

在枣庄矿业集团煤炭产业链演化的系统动力学建模时，通过对企业集团历年的发展情况统计资料进行查阅分析以及对代表企业发展的重要指标（投资回报率指标、企业的技术参数等）进行推算，确定相关参数，对于系统中的固定参数，通过对煤炭市场运行状况以及企业集团的发展战略规划进行分析，运用一些常用统计分析方法（算术平均法、指数平滑法等）进行处理，对于系统的其他参数（煤化工转化率、焦煤含量、电价等），在对企业生产数据的统计分析、对企业所在地区煤质状况的分析、对电力市场发展趋势的分析预测等的基础上，借助一些统计分析方法和工具来获得。

（3）枣庄矿业集团煤炭产业链演化过程仿真

系统仿真就是根据系统分析的目的，在分析系统各要素性质及其相关关系的基础上，建立能描述系统结构或行为过程、具有一定逻辑关系或数学方程的仿真模型，据此进行实验或定量分析，以获得正确决策所需要的各种信息。系统仿真是一种对系统问题求数值解的计算技术，能够有效处理无法通过建立数学模型求解的系统问题，可以比较真实地描述系统的运行、演变及其发展过程。仿真是一种人为的实验手段，它与现实系统实验的差别在于，仿真实验不是依据实际环境，而是以作为实际系统映像的系统模型在相应的"人造"环境下进行的，这也是系统仿真的主要功能。同时，仿真过程也是系统地收集和积累信息的过程，特别是对一些复杂的随机问题，应用仿真技术是提供所需信息的唯一令人满意的方法。

模型灵敏度分析是系统仿真前必须做的一项工作，灵敏度分析是研究分析一个系统（或模型）的状态或输出变化对系统参数或周围条件变化的敏感程度的方法，通过灵敏度分析可以决定哪些参数对系统或模型有较大的影响，具体的做法是：变化模型的变量，根据系统运行结果的变化程度来确定参数变量的类型，如果系统某一变量的变化引起了系统运行结果的显著变化，则此变量就是系统的敏感性因素相关变量，对于这类变量，必须进行进一步优化，保证模型仿真结果的精确度，提高模型预测结果的科学性。

在煤炭产业链系统中，煤化工产业链系数、煤电产业链系数、煤焦化产业链系数是各子系统间的主要控制变量，通过模型灵敏度分析得出的结论是，以上 3 个控制变量都是非敏感性因素变量。在对煤电产业链、煤焦化产业链、煤气化产业链的演化过程分析的基础上，通过改变煤电产业链系数、煤焦化产业链系数、煤气化产业链系数，仿真模拟出整个产业链的产品产值及经济效益情况，煤电产业链、煤焦化产业链的控制变量见表 5-1，煤电产业链、煤焦化产业链系统演化过程的仿真结果如图 5-12 和图 5-13 所示。

表 5-1　煤焦化、煤电产业链控制变量

方案	煤焦化系数	煤电系数
1	0.7	0.3
2	0.6	0.3
3	0.7	0.2

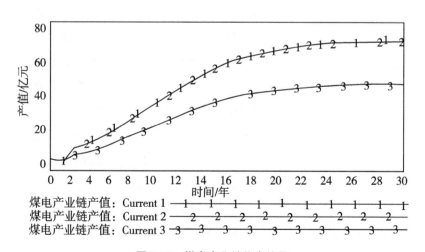

图 5-12　煤电产业链仿真结果

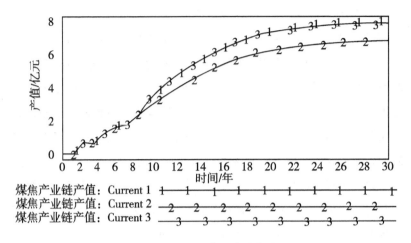

图 5-13　煤焦化产业链仿真结果

在图 5-12 中，煤电产业链的仿真结果近似于 S 形曲线，最后趋近于一个定量值，说明煤电产业链的发展达到了一个相对稳定的状态，煤电产业链的整体演化轨迹是 Logistic 方程的表现形式。通过曲线 Current 3 和其他两条曲线的对比，我们可以发现，由于曲线 Current 3 代表的是煤电产业链系数改变（降低）时，煤电产业链演化的仿真结果，因此可以说明，动力煤资源占集团公司整体煤炭资源的比率，是决定公司煤电产业链演化发展的资源约束。

在图 5-13 中，我们可以看出，煤焦化产业链的演化仿真结果也近似于 S 形曲线，整体上体现出自组织理论的演化思想，也是 Logistic 方程的一种比较典型的表现形式。图中，曲线 Current 2 有点背离曲线 Current 1 和曲线 Current 3，但是背离的程度相对较小，这主要是因为曲线 Current 2 代表的模拟方案 2 降低了煤焦化产业链系数，也就是焦煤的供应比例，而在枣庄矿业集团的煤炭资源中，焦煤的含量比较丰富，因此当煤焦化产业链系数发生稍微的变化，不会对整体产业链的演化发展产生较大的影响，这一结论与实际发展状况是一致的。

由于枣庄矿业集团优质焦煤资源比较丰富，所以煤焦化产业链是集团公司产业链发展的主要模式之一，伴随着大量的煤焦化过程，会产生比较丰富的副产品比如焦炉煤气，焦炉煤气主要含有甲醇和一氧化碳，含热量也非常高，可作为制甲醇的优质原料，枣庄矿业集团煤化工产业链的延伸主要就是利用煤焦化过程中产生的焦炉煤气来生产甲醇所进行的相应的下游产业链延伸，煤焦化对其煤化工具有较大的影响。

（4）关于枣庄矿业集团煤炭产业链延伸的建议

通过对枣庄矿业集团产业链系统的仿真模拟，参考我国煤炭产业"十二五"发展规划的具体目标和内容，全面分析枣庄矿业集团产业链系统的运作状况以及存在的问题，为实现集团的未来发展目标，对集团公司煤炭产业链的演化发展提出如下建议。

一是有效利用资源，大力发展煤电产业链。构建煤电产业链，建设坑口电厂，可以实现煤炭资源的高效利用，利用动力煤发电不仅可以提供电能，还可以大大降低煤炭运输成本、储存成本，降低煤炭长距离运输过程中的环境污染；利用煤矸石进行发电，可以实现矿区废弃资源的再利用，可以改善矿区的生态环境，降低污染，为集团公司带来更大的经济效益，实现循环经济发展目标。

二是发挥自身优势，加快煤焦化、煤化工产业链发展。优质的焦煤资源是枣庄矿业集团的发展优势，同时，也是集团公司发展煤焦化产业链的资源基础和有利条件。国民经济的迅速发展，使得焦炭资源的市场需求越来越大，煤焦化产业链延伸可以为企业带来比较明显的经济效益。因此，枣庄矿业集团可以通过产业链延伸，不断增加产业链的附加值，实现煤炭衍生产品的多样化，通过不断发展完善煤焦化、煤化工产业链，为集团公司创造出更大的经济效益。

三是通过招商引资加速产业链的延伸发展。枣庄矿业集团目前拥有的几种煤炭产业链，其共同特点是高耗能，并且都是资金密集型产业，基本上都是通过大量投资的拉动来实现发展的，投资在煤炭产业链的发展过程中发挥了重要作用，不断加大的投资在将集团丰富的煤炭资源转化成市场需求的相关产品的过程中，使这种转化率大大加速，从而加快了煤炭产业链的延伸发展。因此，集团应该加大招商引资，更好地发挥集团的资源优势，加速产业链延伸，充分发挥产业链的辐射效应，促进集团经济的快速发展。

四是以国家政策为导向，优化煤炭产业链结构。煤炭产业链的发展必须满足市场需求，必须与国家的发展战略相一致，产业链的建设与发展，必须以市场需求为导向，必须符合国家的相关产业政策要求。优化产业链时，要选择那些低污染、高关联性的产业项目，对于煤炭产业链的投资，要符合集团整体产业链发展的规划和目标，以保证产业链的延伸、优化能够为集团公司带来更好的经济效益和生态效益。

总之，从枣庄矿业集团的发展情况来看，产业结构仍然比较单一，以煤炭的开采和洗选加工为主，经营模式比较单一，产品的附加值比较低，面临着比较大的市场风险。因此，必须通过产业链的演化来改变这种生产经营方式，通过产业链的延伸创造更高的产业价值，优化集团内部的产业结构，促进资源更加合理有效地利用，实现集团的稳步发展和绿色发展。

5.2 煤炭企业生态产业链的构建

5.2.1 生态产业链构建的必要性

煤炭企业在循环经济理论的指导下，进行生态产业链的设计，产业链建设的最终目标就是实现物质、能量的高效利用。煤炭资源的关联性是煤炭企业生态产业链的典型特征，煤炭资源的开发处于整个产业链的核心位置，产业链构建的理论基础是物质循环共生原理，联结煤炭产业链的纽带则是煤炭资源开发的一系列副产物。通过对相关产业之间的工业代谢及其共生关系进行分析，集成产业间的物质和能量，在纵向和横向上对产业链进行优化耦合，最终形成经济增长与生态环境相协同的复合型产业结构。

生态产业链的构建是发展循环经济的主要途径之一，通过构建生态产业链，能够使煤炭企业实现环境效益和经济效益的双赢，能够带动非煤产业的快速发展，使煤炭企业实现可持续发展。

第一，生态产业链的构建能够使企业实现更大的经济效益。煤炭生产过程中产生大量共伴生矿物，比如硫铁矿、高岭土、铝矾土等，煤炭生产加工过程中也排放出大量的煤泥、煤矸石以及矿井水等，从循环经济的视角来看，这些"废弃物"具有很高的再利用价值，如果实现充分利用，可以为企业创造可观的经济价值。煤炭企业通过构建生态产业链，就可以充分地利用这部分资源，在减少企业排污费的同时，给企业带来更大的经济效益。

第二，生态产业链的构建能够使企业实现更大的环境效益。从环保的角度来看，煤炭生产过程中产生的废弃物以及共伴生矿物不管是排放还是大量堆积，都会带来严重的环境问题，企业需要支付排污费等经济成本。另外，煤炭开采过程会使矿区周围的土地资源、水资源等遭到严重的破坏，对周边地区的生态环境造成很大的负面影响，在环境问题日益严峻的背景下，煤炭企业面临着更大的环保压力。而构建生态产业链可以使企业比较容易地消耗掉这些副产品、废弃物，大大降低对周边环境的污染程度，实现更大的环境效益。

第三，生态产业链的构建可以加快产业结构与产品结构的升级。作为典型的资源开发型行业，煤炭产业对资源的依赖性很强，这种"资源过度依赖"、产业结构单一的发展模式，面临着巨大的风险，企业会因煤而兴，也会为煤所困，煤炭企业的经济发展可能会出现"大起大落"的现象，而资源依赖型的发展特点决定了煤炭企业缺乏发展后劲。因此，要实现新的、更好的发展，煤炭企业必须通过生态产业链的构建，扩大煤炭产业的外延，不断调整产业结构、产品结构，提高资源的利用效率，为企业寻找新的经济增长点。

第四，生态产业链的构建可以实现煤炭企业的可持续发展。循环经济是实现可持续发展的重要途径，对于企业来说，发展循环经济的重点内容就是生态产业链的构建与发展，并据此实现产业链的延伸。产业链的建设，可以帮助企业尽快打破传统的"资源—产品—废物"的线性经济发展模式，建立起"资源—产品—再生资源"的新型经济发展模式，这种增长模式具有非线性特征。通过资源的再生利用，可以大大提高资源利用的程度，并且降低污染物排放，实现低碳发展的目标。因此，煤炭企业通过构建煤炭生态产业链，不仅能够充分地利用一次资源，而且可以使废弃物实现循环再利用，大大提高了资源的利用效率和利用等级，实现煤炭企业的可持续发展[141]。

5.2.2　煤炭企业生态产业链构建步骤

企业生态产业链系统的结构决定了整个系统的发展轨迹和方向，因此，要构建企业的生态产业链，首要任务就是对产业链的结构进行分析和设计，找出与企业具有相互作用、相互影响、相互依存关系的企业，并与之建立紧密联系，通过对企业生产过程中的副产品、废弃物进行回收与利用，实现资源的高效率循环利用、废弃物排放最小化的双重目标。煤炭企业生态产业链的构建应按以下几方面顺序展开。

（1）企业自身状况剖析

要构建企业的生态产业链，必须对企业的内部状况有充分的了解，比如现有的废弃物产生渠道、利用渠道，企业在现有的条件下可能形成的产业链等。在生态产业链构建和发展的过程中，企业的主导产业链发挥着决定性作用，借助关键种原理，生态产业链构建时要选出关键种企业，关键种企业位于产业链的核心，它的发展会对其他企业产生非常大的影响，由于关键种企业资源消耗大、废弃物排放多，往往会对环境产生比较严重的影响。

在整个生态产业链系统中，产业链构建和延伸的主要依据就是关键种企业的产品生产工艺以及生产过程物质流的实际状况。因此，煤炭企业在构建产业链时，必须通过对煤炭生产过程进行物质流和能量流的分析，深入理解企业的物质能量代谢过程，实现产业链的纵向延伸和横向耦合。

（2）生态产业链综合评价体系构建

煤炭企业构建生态产业链的主要目的是实现煤炭的清洁生产，在此基础上，更加注重的则是整个煤炭系统的全局优化，要在系统内找到最优的物质匹配关系和最佳的产业链条，从而构建一个经济与环境友好型的生态系统，实现对煤炭主导产业链的副产品、废弃物的综合利用。为了使生态产业链构建的目标更加明确，必须建立生态产业链综合评价体系，对评价体系中的所有指标都要进行详细的定义，从而实现对产业链构建目标的科学评价。

（3）有针对性地引入补链企业

选择补链企业，实施补链工程，是产业链延伸、耦合的重要途径，补链工程就是指寻找产业链条中缺失的那些高附加值的环节，紧抓位于"微笑曲线"两端的企业，将产业链延伸、补缺，做大规模，做优配套，以实现产业关联发展的需要。补链企业正是链接产业链的重要节点，补链企业的选择是产业链构建成功的关键。在选择、引入补链企业时，必须考虑这些企业的加入是否有助于企业间耦合、延伸关系的形成，整个生态产业链就是利用链上企业之间的共生、耦合以及链上企业与自然生态系统间的协调一致，来实现资源的高度共享，物质、能量的多级利用以及整个供应链企业的高效产出与可持续发展。

煤炭生态产业链上补链企业的引入主要以煤炭生产过程中产生的矿井水、煤矸石等副产品为突破点，同样遵循纵向延伸、横向耦合的原则。

①通过纵向延伸引入补链企业

煤炭产业链的起点是煤炭的采掘、洗选和加工，煤炭资源的深加工利用具有非常广阔的发展空间，煤炭产业链的纵向延伸主要从以下几个方面展开。

其一，"煤炭—电力"模式，煤炭企业通过建设坑口电站，或者建设低热值燃料综合利用电站，可以把煤炭运输变为输电或供热，不仅可以大大降低煤炭运输的成本，而且可以减少煤炭运输过程中的环境污染；其二，"煤炭—电力—高能耗产业"模式，煤炭企业重点发展火力发电以及消耗电能的高能耗产业，将输电转变为利用电力及当地优势资源生产诸如电解铝、碳化硅、金属镁、石墨电极等高能耗产品，我国煤炭产业早已形成了煤炭、电力与各种高能耗产业联合经营的格局，比如神火集团的"煤—电—铝"综合开发；其三，"煤炭—煤焦化—化工"模式，煤炭经过洗选加工之后用于炼焦，焦油再经过深加工可以生产出沥青、酚类、油品等精细化工产品；其四，"煤炭—化（液化）—煤化工—下游化工产品"模式，将煤炭进行气化或者液化，可以用于工业和民用领域，也可以进一步生产出煤基化工产品。

②通过横向耦合引入补链企业

煤炭开采过程中会产生大量的废弃物，但是从循环经济的角度来看，这些废弃物也是重要的资源，可以通过一定的方式实现回收利用，基于这些资源，煤炭企业可以实现生态产业链的横向耦合。

其一，"煤炭洗选—煤泥、煤矸石—电力和蒸汽"模式，煤炭洗选过程中产生的大量煤矸石可以作为坑口电厂的原料，电厂产生热电可以重新利用；其二，"电厂—粉煤灰—建材厂"模式，将煤泥、煤矸石作为电厂发电的原料，再利用电厂发电产生的粉煤灰来生产建材产品；其三，"煤炭采掘—煤矸石—井下充填或土地复垦—农业或旅游业"模式，将煤炭开发过程中产生的煤矸石直接放回到塌陷区，进行井下填充或土地复垦，将塌陷区重新治理为优质的土地资源，可以用于水产养殖、农林种植以及开发旅游项目等；其四，"矿井水—水处理站—供水"模式，利用水处理工艺，将矿井水处理后，可以为井下、电厂、建材厂等提供生产用水，也可以为居民提供生活用水等。

通过引入补链企业，可以构建起煤炭企业生态产业链的结构，如图 5-14 所示。

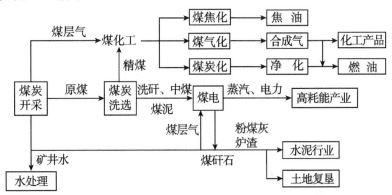

图 5-14 煤炭企业生态产业链结构

在整个生态产业链中，煤炭开采企业作为产业链起点，开采出的原煤为整个产业链产品生产提供原料，而煤炭洗选环节作为另一级生产者，进一步生产出中煤、精煤等产品，也生产出煤泥、煤矸石等副产物，提供给下游消费者或者分解者；火力发电作为消费者，其原料为中煤、煤矸石、煤泥、焦炉煤气等，它为下游的生产者、消费者提供原料和动力；化工业主要消耗煤炭洗选产品；建材企业则综合利用粉煤灰、煤矸石等各类固体废弃物来生产。

随着技术的不断创新和发展，煤炭生态产业链之间的相互联系会不断加强，生态产业链的链状结构会逐渐耦合成一个错综复杂的生态产业网，整个煤炭企业的生态产业链系统就会发展成为相互作用、相互联系、相互依存的有机整体。

（4）生态产业链辅助系统设计

生态产业链辅助系统是指支持产业链成功构建和发展的系统及因素，辅助系统的主要功能就是保障生态产业链的正常运行，辅助系统一般包括以下方面。

一是领导机构的建立。煤炭企业生态产业链的构建是一项非常复杂的系统工程，它涉及包括生产者、消费者、分解者等部门在内的多个环节，因此，针对生态产业链的构建，必须设立统一的组织领导机构，制定具体细致的管理制度和政策措施，对生态产业链的构建和运行进行统一的调度和管理。

二是技术创新机构的建立。技术创新主要指生产技术的创新，包括开发新技术，或者将已有的技术进行应用创新。技术创新是可持续发展的决定因素，也是煤炭企业生态产业链有效运行的基础和关键。因此，煤炭企业必须建立技术研发与创新机构，在生态产业链构建及运行的过程中，将高新技术、废弃物利用技术、抗风险技术、管理技术、信息技术等应用于煤炭资源开发到产品深加工的全过程，为生态产业链的构建与发展提供有力的技术支持。

三是信息管理系统的建立。煤炭企业生态产业链的构建与运行，离不开链上企业间有效的能量集成与物质循环，其重要前提是企业之间信息的高度共享。同时，生态产业链的构建与运行是一个系统工程，更是一个不断发展完善的过程，需要时时以海量信息作为有力支撑，这些信息包括产业链上企业的生产状况，企业废弃物产生率及去向，其他相关产业链的生产状况、产业技术发展水平、专业人才供需状况等，因此，必须建立企业的信息管理系统，利用先进的信息技术来有效组织这些信息，最大限度地发挥信息的作用，促进煤炭企业生态产业链的高效构建与发展。

四是废物处理中心的建立。在煤炭生产和废弃物回收利用过程中，由于处理成本等原因，有些废弃物是单个企业无法解决的，因此，必须建立统一的废弃物处理中心，比如固体废弃物回收再生中心、污水处理厂等，使得各个生产环节产生的废弃物都能够得到及时有效的回收利用，可以极大提高企业资源的回收利用率。同时，统一的废弃物处理中心的建设和运营，可以使得产业链上的废弃物实现统一处理，避免了处理设备的重复建设，提高了设备和资源的利用效率。

5.3　兖矿集团生态产业链构建示例

5.3.1　兖矿集团产业链现状

兖州矿区开发建设始于 20 世纪 60 年代末期，1976 年成立兖州矿务局，1996 年 3 月，兖州矿务局整体改制为国有独资公司，1999 年 5 月成立兖矿集团有限公司，是华东地区最大的煤炭生产、出口、深加工基地和山东省三大化工产业基地之一。21 世纪以来，兖矿集团先后建成了一大批具有代表性的产业链发展基地，比如，煤矸石、煤泥综合利用基地的规模居全国首位，费托合成煤制油技术研发基地达到了世界领先水平，大型煤化工基地以高硫煤为原料，电解铝深加工基地突出了绿色电力的特色，煤炭产业链成套设备制造基地拥有多项自主知识产权技术，充分体现了兖矿集团的产业链发展及技术创新水平。

近年来，兖矿集团充分发挥煤炭产业的比较优势，不断加大技术创新的力度，沿着煤炭深加工、综合利用的方向进行产业链的延伸和发展，已经形成了以煤炭采掘、煤化工、煤电铝及机电成套装备制造为"三大主业"，电力、建筑建材、矿井建设、橡塑

制品、电子电器等多元化经营，我国山东省内鲁南、邹城、兖州
"三个园区"和外部贵州、陕西榆林、新疆、内蒙古鄂尔多斯，以
及澳洲、加拿大"六个基地"的发展格局。截至 2012 年年底，兖
矿集团的资产总额达到了 1800 亿元，位列中国企业 500 强的第
129 位和中国 100 大跨国公司的第 24 位。

（1）煤炭采掘业

兖矿集团本部辖兖州、济东两大煤田，拥有兴隆庄煤矿、鲍
店煤矿、东滩煤矿、南屯煤矿、济宁二号煤矿、济宁三号煤矿 6
座现代化大型煤矿，拥有已探明及推定储量 18.66 亿吨。在澳大
利亚，我国山西、山东巨野分别拥有澳思达煤矿、天池煤矿、赵
楼煤矿。拥有可采煤炭储量 1.825 亿吨。随着煤炭资源的开发，
公司煤炭产品逐渐丰富，拥有气煤、半硬焦煤、1/3 焦煤、贫煤、
无烟煤等多个品种，公司本部六大煤矿产品具有低灰、低硫、低
磷、高发热量等特点，是优质动力煤、炼焦配煤和高炉喷吹用煤。

兖矿集团是华东地区最大的煤炭生产商。公司以安全为基础、
技术进步为核心、提高装备水平为手段，持续提高公司生产规模、
效率，降低煤炭生产成本。煤炭生产规模由 1997 年的 1690 万吨，
2008 年的 3756 万吨，达到 2013 年的 8419 万吨，2008 年工作面生
产能力已达到 660 万吨/年，2005—2010 年间，兖矿集团原煤生产
百万吨死亡率由 0.108％降到零。

（2）煤化工业

兖矿集团有限公司煤化分公司成立于 2002 年 6 月，现有兖矿
鲁南化肥厂、兖矿国泰化工有限公司、兖矿国际焦化有限公司、
兖矿国宏化工有限公司、兖矿峄山化工有限公司等 11 个生产企
业，资产总额达到 182 亿元。主导产品是尿素，2010 年销售收入
达到 189 亿元，实现利税 25.8 亿元。

（3）煤电铝业

电铝项目是兖矿集团"十五"期间的重点建设项目，属于兖

矿集团的三大主业之一。兖矿电铝项目总投资额为 64 亿元，此项目主要包括年产 14 万吨电解铝、14 万吨高性能大型工业铝挤压材、8.2 万吨铝用阳极、1.5 万吨阴极碳素等生产能力以及总装机370 兆瓦的自备综合利用发电厂，公司旗下设立了电解铝厂、碳素制品公司、铝用阳极公司、济三电力公司、南屯电力公司、轻合金公司和国际贸易公司等企业。"十一五"期间累计生产铝锭66.76 万吨、铝型材 5 万吨，发电 113 亿 kWh，实现销售收入171.9 亿元，实现利润 4.4 亿元。

（4）生态产业链

在积极发展三大主导产业的同时，兖矿集团在"三废"污染治理以及废物资源化等方面也做了大量的工作，特别是在煤泥、煤矸石、矿井水、粉煤灰等综合利用方面取得了非常突出的成绩，初步构建起"煤泥、煤矸石—电厂—粉煤灰—建材""煤矸石—塌陷地治理—土地复垦""矿井水—中水—电厂用水"等生态产业链条，如图 5-15 所示。

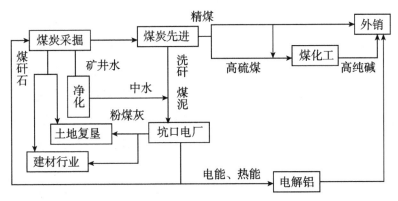

图 5-15　现有循环经济产业链

① "煤矸石—塌陷地治理—土地复垦"生态产业链

煤炭开采导致了矿区土地塌陷及土地资源和植物资源的破坏，也破坏了矿区及周边地区的生态系统的结构和平衡，制约了矿区及周边地区的可持续发展。兖矿集团制定了系统的塌陷区复垦治理规划，积极进行塌陷地治理工作，利用煤矸石进行塌陷区的充填，既减少了矸石山的形成，也大大助力了当地高效农业生态示范区的建设。

②"矿井水—中水—电厂用水"生态产业链

在煤炭开采过程中，地下水由于与煤层、岩层接触以及受人类活动的影响，发生了一系列的物理、化学和生化反应，因而水质具有显著的煤炭行业特征：水中的悬浮物含量远远高于地表水，并且悬浮物粒度小、比重轻、沉降速度慢、混凝效果差，另外，矿井水中还含有废机油、乳化油等有机物污染物，含有的总离子含量比一般地表水高得多，其中很大一部分是硫酸根离子，矿井水的 pH 特别低，常伴有大量的亚铁离子，增加了处理的难度。

为了加强煤矿污水治理，保护水环境，兖矿集团构建了"矿井水—中水—电厂用水"生态产业链，利用中水技术对矿井水进行处理，经处理后的中水可用到厕所冲洗、园林灌溉、道路保洁、城市喷泉、电厂冷却用水等，采用中水技术既能节约水源，又能使污水无害化，是防治水污染的重要途径。

③"煤泥、煤矸石—电厂—粉煤灰—建材"生态产业链

煤炭开采过程中产生的大量煤矸石和煤泥为煤电产业链提供了丰富廉价的原料，煤矸石发电项目也符合国家《热电联产和煤矸石综合利用发电项目建设管理暂行规定》，利用煤矸石发电，可使煤矸石变废为宝，既解决了煤矸石积压占用大量土地的问题，又能使电厂的炉渣作为水泥生产的原料，实现煤炭就地转化、延长产业链，同时对节约能源，保护环境，防止煤矸石自燃造成二次污染，改善空气质量，提高经济效益和社会效益，促进地方经济社会发展有着重要的推动作用。

另外，兖矿集团利用煤矸石、工业炉渣进行铺路，有效治理了因煤矿开采造成的道路沉降，节约了大量的黏土，使土地资源得到了有效保护。总之，兖矿集团现有的生态产业链基本上都形成了网络化、循环式、规模化的发展态势，也取得了一定的成效。

5.3.2　产业链物质流分析

物质流分析是针对一个系统（比如产品系统、社会系统、经济系统）的物质和能量的输入、迁移、转化、输出进行定量化分析和评价的方法。产业链物质流分析的主要目的就是通过分析产业链中与物质变化相关的物质流的状况，以及不同物质流之间的相互影响关系，从中发现实现自然资源节约、生态环境改善双重目标的有效途径，实现产业的可持续发展。因此，物质流分析是构建与评价煤炭生态产业链的前提和基础。

（1）煤炭生产

煤炭生产包括煤炭采掘与煤炭洗选两个环节，其中工业产品主要为原煤、中煤、精煤，副产物为煤矸石、煤泥、矿井水、煤层气、塌陷地、固体废弃物等。2013 年，兖矿集团下属的煤业公司生产煤炭 8419 万吨，原煤入洗量为 5472 万吨，入洗率达到了 65%；产生的废物包括 528 万吨的掘进矸石、323 万吨的洗矸、467 万吨的煤泥、2389 万立方米的矿井水。煤炭生产环节主要产品及废弃物物质流分析见表 5-2。

（2）煤化工

2013 年，兖矿集团的煤化工产业共消耗煤炭 540 万吨，其中，377 万吨高硫煤用作煤化工原料，剩余的 163 万吨原煤用作燃料，煤化工产业消耗的电力为 17 亿千瓦时、消耗的水资源为 2621 万吨，煤化工产业的产出主要包括 43 万吨的甲醇、39 万吨的合成氨、6.7 万吨的醋酸、123 万吨的尿素以及 31 万吨的焦炭等，同时还产生了硫黄、焦油、电力等副产品，以及 68 万吨炉渣、116 万立方米废气、1296 万吨废水等废弃物。煤化工产业链主要产品及废弃物物质流分析见表 5-3。

表 5-2 煤炭生产环节主要产品、废弃物物质流分析

生产环节	产出			副产品、废弃物		
	名称	数量	处置方式	名称	数量	处置方式
煤炭开采	原煤	8419 万吨	洗煤 5472 万吨	矿井水	3802 万吨	利用 3678 万吨，排放 124 万吨
				掘矸	528 万吨	造砖、回填
			销售 3987 万吨	塌陷区	13 万亩	其中一部分完成复垦
			用于煤化工等产业 540 万吨	废旧物资	1425 吨	实现循环使用
				矸石山	37 万平方米	
煤炭洗选	精煤	4875 万吨	销售 2675 万吨	洗矸	323 万吨	120 万吨用于发电；其他用于造砖、回填等
				废水	2389 万吨	进行处理后循环使用
	混煤	456 万吨		煤泥	467 万吨	187 万吨用于发电；销售 97 万吨

表 5-3 煤化工环节主要产品、废弃物物质流分析

投入			产品			副产品、废弃物		
名称	数量	来源	名称	数量	处置方式	名称	数量	处置方式
煤炭	540 万吨	洗选环节	甲醇	43 万吨	销售	废气	116 万 m^3	外排
			尿素	123 万吨				
电力	17 亿 kWh	煤电厂	合成氨	23 万吨		废水	1296 万吨	处理后循环使用
			醋酸	7 万吨				
清洁水	2621 万吨	地下水	煤气	1211 万立方米		炉渣	68 万吨	制水泥、造砖、铺路等
			焦炭	31 万吨				

（3）煤电铝

2013 年，兖矿集团华聚能源有限公司综合利用煤矸石 36 万吨，煤泥 84 万吨，发电 10.5 亿千瓦时，提供蒸汽 98 万吨，产生粉煤灰 28 万吨，炉渣 5 万吨，废水 67 万吨等；科澳电铝公司共生产铝锭 24 万吨，消耗氧化铝 38 万吨、氟化铝 40 万吨，冰晶石 2771 吨、阳极 8 万吨，产生固体废物 980 吨。煤电铝产业链主要产品及废弃物物质流分析见表 5-4。

表 5-4　"煤—电—电解铝"主要产品、废弃物物质流分析

环节	投入			产出			副产品、废弃物		
	名称	数量	来源	名称	数量	处置方式	名称	数量	处置方式
煤电	原煤	15 万吨	采掘	电力	10 亿千瓦时	电解铝、其余销售	粉煤灰	28 万吨	铺路、建材、回填
	洗混煤	19 万吨	洗选				炉渣	5 万吨	
	煤泥	84 万吨					废水	67 万吨	处理后循环使用
	洗矸	36 万吨	地下开采	蒸汽	78 吨		烟尘	0.35 万吨	外排
	水	646 万吨					SO$_2$	0.45 万吨	
	电力	1.2 亿千瓦时	自循环						
电解铝	氧化铝	38 万吨	采购	铝锭	24 万吨	销售	固体废物	980 吨	安全处置
	氟化铝	40 万吨					废水	27 万吨	处理后循环使用
	水	1297 万吨	地下开采				废气	373 吨	外排

通过对兖矿集团各主导产业链的物质流分析，我们得到了公司主要产品、副产物的明细表（表 5-5）。通过实际调研，发现集团生产过程中固体废弃物无害化处置率达 100%，综合利用率接近

表 5-5　产品、副产物明细表

产　品	产　量	副产物	产　量	未合理利用副产物	产　量
原　煤	8419 万吨	掘　矸	528 万吨	矿井水	325 万吨
精　煤	4875 万吨	废旧物资	1523 吨	煤　泥	96 万吨
洗混煤	456 万吨	洗　矸	271 万吨	烟　尘	0.35 万吨
电　力	41 亿千瓦时	矿井水	1964 万吨	洗煤水	147 万吨
铝　锭	24 万吨	煤　泥	467 万吨	工业废水	139 万吨
蒸　汽	98 吨	粉煤灰	47 万吨	废　气	74 万吨
合成氨	39 万吨	洗煤水	1415 万吨	二氧化硫	0.45 万吨
甲　醇	43 万吨	炉　渣	63 万吨		
醋　酸	7 万吨	烟　尘	0.35 万吨		
尿　素	123 万吨	废　气	373 万吨		
焦　炭	31 万吨	工业废水	1390 万吨		

100%，工业用水重复利用率 81%。但各种资源共享和循环梯级利用力度不够，利用途径比较简单，需进一步加强。

兖矿集团现有的几条生态产业链比较充分地利用了集团主导产业产生的副产品和废弃物，但是，从资源综合利用的视角来分析，其生态产业链仍然存在着诸多需要改进的地方。

其一，企业的副产品资源没有得到充分的利用，资源配置仍然不平衡。通过对煤炭生产环节、煤化工、煤电铝产业链物质流分析，我们发现，虽然兖矿集团已经构建了多样化的产业链条，但是产业链上的产品生产过程还没有实现对代谢物质的充分利用，仍然存在着一大批没有被利用的副产物。另外，煤炭开采过程中产生的煤矸石还不能全部被消化利用，部分煤矸石只能被暂时搁置。同时，大量的煤层气、伴生矿也没有完全实现开发利用。

其二，产业链上的工艺水平和技术水平不高。比如，虽然集团公司的矿井水利用率已经达到了比较高的水平，但是水资源的转化利用途径却比较单一，基本上都是将矿井水处理后用作本矿区的生活用水、生产用水以及环境绿化用水等；虽然整个集团公司的固体废物综合利用率已经达到了 100%，但是固体废物基本上被用于生产那些低附加值的产品，没有形成一条高附加值的生态产业链条，炉渣、粉煤灰用来生产水泥的量非常少。另外，集团的部分电厂没有根据粒度对粉煤灰进行分级回收，不能够使粉煤灰的价值得到更好的利用。

5.3.3　兖矿集团生态产业链设计

兖矿集团生态产业链规划的总体思路应该是：以集团的"三大主导产业"为核心，以物质流分析为基础，以充分利用主导产业废弃物为出发点，进行生态产业链的重构，使资源在产业链系统各个环节之间统一协调地循环流动，显著提高资源的利用效率。

（1）生态产业链的物质集成

①煤矸石

兖矿集团的煤矸石主要有三种来源：一部分煤矸石来自矿井井筒及巷道的掘进过程，这部分煤矸石占比为 45%，另有 35% 的煤矸石是在煤炭开采过程中，从煤层中开采出来或从煤炭中挑选出来的，剩下的 20% 则是来自煤炭洗选过程，这些矸石可以进一步区分为有热量的矸石、无热量的矸石、已风化的矸石。为了使煤矸石的资源价值得到更有效的发挥，在集团公司产业链设计时，就应该考虑进一步加强对煤矸石的综合利用。

在不同种类的煤矸石中，热值较高的是洗煤矸石，因此，洗煤矸石既可以用作坑口电厂的燃料，也可以作为原料来生产肥料、水泥等，也可以作为塌陷地的填充原料，由于掘进矸石的热值比较低，不能够作为电厂发电的原料，因此，企业应该通过巷道技术及掘进工艺的改进和创新，不断降低掘进矸石的产量。另外，掘进矸石虽然不能发电，但是可以代替黏土用作制砖和制水泥的原料，这样就大大降低了黏土和燃料煤的消耗量，从而降低了企业的生产成本，使企业获得更高的经济效益。

由于长时间的风吹日晒雨淋，有的煤矸石已经风化，要根据这类矸石的不同性质，采用不同的方法和思路进行开发利用，有的矸石含有一些有机元素，可以用来生产有机化肥，其他性质的已风化矸石可以用于塌陷区的充填，当然在适宜的矿区，可以利用矸石山开发一些生态旅游项目。

②煤泥

煤泥是煤炭洗选加工过程中产生的副产品之一，煤泥中的成分主要有微细粒煤、粉化骨石、水，煤泥是一种热值比较低的黏稠状物质，它的粒度非常细，含有较高的灰分和水分，煤泥具有较强的黏结性和较大的内聚力。目前，国内主要表现是通过三种渠道实现对煤泥的处理和利用：一是把煤泥用作发电的燃料，二是把煤泥加工制作成型煤，三是通过一定的浮选技术，从煤泥中实现精煤的回收。

兖矿集团的煤泥发电厂是亚洲第一座煤泥电厂，经过多年的发展，在煤泥发电、副产品及废物利用等方面经验丰富，煤泥发电项目是一条煤泥利用的有效渠道，同时，可大大降低粉尘污染，对矿区生态环境建设意义重大。因此，兖矿集团应该不断扩大煤泥电厂的生产规模，同时不断探索煤泥高效利用的新技术、新项目，充分发挥其低成本、节能环保的优势。

③粉煤灰

粉煤灰是从煤燃烧后的烟气中收捕下来的细灰，粉煤灰是燃煤电厂排出的主要固体废物。我国火电厂粉煤灰的主要氧化物包括 SiO_2、Al_2O_3、FeO、Fe_2O_3、TiO_2 等。粉煤灰是我国当前排量较大的工业废渣之一。大量的粉煤灰不加处理，就会产生扬尘，污染大气，若排入水系会造成河流淤塞，而其中的有毒化学物质还会对人体和生物造成危害。

2013 年 1 月 5 日，国家发改委等 10 部门联合发布了《粉煤灰综合利用管理办法》，鼓励对粉煤灰进行高附加值和大掺量利用：发展高铝粉煤灰提取氧化铝及相关产品；发展技术成熟的大掺量粉煤灰新型墙体材料；利用粉煤灰作为水泥混合材料并在生料中替代黏土进行配料；利用粉煤灰作商品混凝土掺合料等。

根据粉煤灰中碳、二氧化硅、三氧化二铝等成分的含量不同，可以确定其不同的用途。首先对粉煤灰的未燃碳元素进行回收，利用其热量进行发电，然后将其作为建筑添加料，送至建材厂、水泥厂进行综合利用，另外，为解决土地塌陷问题，可以用粉煤灰进行井下注浆，或者把粉煤灰当作回填材料，当然，粉煤灰也是成本较低、效果较好的铺路材料。

④水资源

矿井水作为煤炭企业的特有资源，如果利用得当，也会给企业带来很大的经济价值，因此，企业必须充分利用矿井水资源的优势，使水资源的利用成为能够为企业创造效益的产业。近年来，兖矿集团优化矿区水资源综合利用方案，投资 2.27 亿元，改扩建各类污水处理站 17 个，实施深度处理工程 10 项，其他工程 5 项，年设计处理矿井水 2544 万吨、生活污水 2100 万吨。

目前，集团内处理后的矿井水、煤矿工业污水达到了生活杂用水的标准，处理后的洗煤厂污水达到了洗煤用水的标准，而经过处理的生活污水可被重新用作生活杂用水。今后，集团应该不断提高水资源处理利用的技术和工艺水平，增加更先进的设备，通过统一整合公司现有水资源，建立起一体化的水资源供应模式，对集团的水资源进行综合开发、统筹管理、分类治理、分类利用。

⑤伴生矿物

兖矿集团所属矿区的伴生矿物主要是石灰岩、高岭土和硫化铁，其中，高岭土的储量比较大，并且开采起来比较容易，高岭土的应用领域非常广泛，可以用作铸造型砂的材料，也可以作为填充料来生产橡胶和塑料，从高岭土中还能提炼出金属铝，用高岭土还能合成4A沸石，也可以用高岭土来生产白炭黑、铜版纸涂料、聚合氯化铝等。煤系硫铁矿的回收主要有两种方式：一是从高硫煤矸石中回收硫精矿，二是综合开采与煤共生的硫铁矿床，精选后的硫铁矿主要用来制取硫黄和工业硫酸。

目前，由于伴生矿物回收利用的技术和工艺水平比较低，回收利用产品的档次不高，因此，必须积极利用诸如直接加热快速流态化煅烧、4A沸石生产、高岭土制备特种陶瓷材料等工艺，不断提高伴生矿物加工利用的精度和深度。比如采用直接加热快速流态化煅烧工艺得到的颗粒小、白度高的煅烧高岭土，具有非常好的物化性能，在生产涂料和造纸的过程中，能够作为钛白粉的部分替代物，由于煅烧高岭土还具有非常好的稳定性，可以作为生产填料应用于塑料、橡胶类产品的生产当中。

⑥煤焦油

煤焦油又称煤膏、煤馏油、煤焦油溶液，是煤焦化过程中得到的一种黑色或黑褐色黏稠状液体，比重大于水，具有一定溶性和特殊的臭味，可燃并有腐蚀性，煤焦油是炼焦工业煤热解生成的粗煤气中的产物之一，其产量占装炉煤总量的3%～4%。煤焦油是煤化工业的主要原料，其成分达上万种，主要含有苯、甲苯、二甲苯、萘、蒽等芳烃，以及芳香族含氧化合物（如苯酚等酚类化合物），含氮、含硫的杂环化合物等多种有机物。煤焦油是生产塑料、合成纤维、染料、橡胶、医药、耐高温材料等的重要原料，可以用来合成杀虫剂、糖精、染料、药品、炸药等多种工业品。

煤焦油的经济价值比较高，因此，集团公司应该加大煤焦化产业链建设的力度，加大对煤化工产业的投入，使煤焦油资源得到更加充分的利用。

⑦煤层气

煤层气是指储存在煤层中以甲烷为主要成分、以吸附在煤基质颗粒表面为主、部分游离于煤孔隙中或溶解于煤层水中的烃类气体，是煤的伴生矿产资源，属非常规天然气，是近一二十年在国际上崛起的洁净、优质能源和化工原料。

煤层气的综合利用可以为企业创造巨大的经济效益，煤层气主要用于工业锅炉燃气、民用燃气、煤层气发电以及汽车燃料等，还可以作为化工原料进行甲醛、炭黑、甲醇、合成氨等的生产，集团公司应该大力发展煤化工及煤层气发电。

（2）生态产业链的能量集成

①电力集成

集团公司的发电厂应该是企业的能量供应中心，煤炭开采、洗选、电解铝等高能耗产业的电力供应都来自发电厂，同时，发电厂也要为集团下属的建材厂、化工厂等供电，还可以供给集团内部的生活用电，如果仍有多余的电力，可以外销给电网公司，为公司获取一定的效益。

②热能集成

将电厂产生的蒸汽、化工厂产生的残余热量进行综合回收，为煤矿供热提供热能源，多余的热能还可以为集团的周边区域进行供热。

（3）生态产业链的设计

在煤炭产业链物质、能量集成分析的基础之上，按照循环性、综合性、系统性等原则，构建兖矿集团的生态产业链系统。

①对原有产业链进行整合

其一，制砖产业链。集团公司统一建立一个制砖厂，将集团公司下属各个部门、各个环节产生的制砖原料，比如煤炭采掘过程中产生的煤矸石，电厂发电过程中产生的粉煤灰、炉渣，焦化公司产生的炉渣等，统一集中到砖厂进行生产，这种集中处理的方式，一方面可以实现原料来源的多样性，保证原料供应充足，提高产业链的稳定性；另一方面可以避免重复建设，为企业节省大量的成本。

其二，水处理产业链。水处理厂要由集团公司统一建立，各个环节产生的污水全部输送到水处理厂进行集中处理，对于不同水质的污水，采用不同的处理方式，处理后的水可有各种不同的用途，比如，工业污水处理后可以输送到电厂，作为冷却用水，而处理后的矿井水，达到一定的标准，可以用作矿区的生活用水，如果仍有剩余，可外售给自来水公司，为集团带来一定的经济效益。

其三，水泥产业链。集团公司统一建立一个水泥厂，将电厂的粉煤灰、焦化公司的炉渣集中到水泥厂进行水泥的生产。

其四，电能产业链。在煤炭资源丰富的矿区，建立大型坑口发电厂，将煤炭开采、洗选过程中产生的煤矸石、煤泥作为电厂的原料进行发电，为集团下属的煤炭采掘厂、建材厂、电解铝厂等高能耗部门提供电力，多余的电能还可以外售给电网公司。

其五，热能产业链。电厂、焦化公司生产过程中产生的蒸汽、热量都是可以充分利用的热能，集团公司可以利用这些热能为矿区和周边地区进行供热。

②引入产业链的补链项目

其一，煤层气的回收利用。煤层气可以为焦化公司提供生产原料，也可以作为生产甲醛、炭黑、甲醇、合成氨的原料，集团公司应该通过技术创新和工艺改进，提高煤层气的回收利用率，这也是获取集团经济效益、改善矿区环境的有效途径。

其二，伴生矿物的回收利用。创新和改进伴生矿物回收利用的技术和装备，扩展伴生矿物的回收利用途径，提高其回收利用率。

其三，炉渣的回收利用。将造气炉渣和锅炉炉渣进行回收以后，可以作为制造硅酸轻质砖块（一种新型塔体建筑材料）的原料，也可以作为原料进行水泥的生产。

5.3.4　保障体系与辅助系统建设

（1）生态产业链的保障体系

第一，清洁生产审核是生态产业链发展的基础保障。清洁生产的本质就是源头削减及污染的预防，煤炭生态产业链的基础就是清洁生产，目的是更好地利用生产过程产生的废弃物，而清洁生产审核，就是通过分析评估企业生产过程中关于污染的预防状况，采用总成本核算、生命周期核算等方法，对企业清洁生产的成本和效益进行全面评估。清洁生产审核是煤炭企业集团构建发展产业链的基本保证，必须基于生态保护的视角对产品的生产流程进行分析和重新设计，保证每种产品都具有一个生态环保的生命周期，使得集团的生产系统和消费系统都能实现可持续发展。

第二，科技保障体系是生态产业链发展的有力支撑。循环经济的发展必须以科技的发展为支撑，因此，在企业的生态产业链构建与发展的过程中，有效的科技创新保障体系，将发挥重要的引擎作用，必须建立以科技人才培养、科技创新、科技研发、科技咨询等为主要内容的完善的科技保障体系。

（2）生态产业链的辅助系统

第一，统一的组织领导。生态产业链的构建与实施是一项复杂的系统工程，需要集团内部各个部门的紧密协作，而兖矿集团的产业或企业基本上都是相对独立的经济实体，都实行独立核算，因此，他们在资源的配置利用方面，都会根据市场、成本等因素来做出对自己有利的决定，并且目前有的环节提供的资源也不能满足相关产业发展的需要，因此，需要集团公司对生态产业链的构建与实施进行统一的组织领导，统一规划，统一部署，协调各部门的行动，保证生态产业链项目的顺利实施。

第二，健全的信息网络。集团内部各企业之间要实现高效协作，共同发展，必须以信息的即时共享为前提，只有建立起功能健全的信息共享网络，才能使集团内部各个部门在生态产业链的运行过程中，及时了解市场发展状况，相互之间及时实现信息的共享，及时获取一些系统的应急反应信息，使各环节、各部门之间的协同更加顺畅。

第三，共享的基础设施。要建立集团公司内部统一的循环经济模式，设施共享是最基本的要求，比如供电电网、供水管网、供气管路、计算机通信网络、污水处理厂、固体废物回收中心、消防设施、绿地、仓库等基础设施都要实现共享。

第6章　煤炭产业低碳发展
系统建模及仿真

6.1　低碳经济发展机制的系统动力学建模

6.1.1　低碳经济系统结构分析

低碳经济发展涉及经济、社会、环境等多方面的问题，低碳的内涵可以用"选择"和"约束"这两个词来限定，其中，"选择"的含义在于，在经济和社会发展的多种方式当中，不同方式的碳排放情景各有差异，而选择的重要因子则是碳排放的高低；"约束"的含义在于，经济社会发展的模式、速度及规模会受到碳排放总量的硬性制约。低碳经济系统是一个开放的复杂系统，更是一个涉及多方面问题的综合大系统，要解决这一系统问题，必须采用综合的思维和决策体系，要避免"单打一"，必须深入分析充分认识系统中各子系统之间的关联关系，以及系统中不同问题之间的联系，努力寻求解决问题的"多赢方案"。

我们必须通过对低碳经济系统的社会经济驱动因子、调控选择因子和各种约束因子的考察与分析，探讨并认识我们在防范全球气候变化的努力中，面临的约束条件有哪些，我们能够做些什么，做的潜力有多大，据此做出理性的选择，积极参与解决全球气候变化问题，同时保障经济持续稳定地发展。

（1）碳排放的社会经济驱动因子

碳排放的社会经济驱动因子主要包括人口、经济、技术、能源、土地利用和农业等。其中，技术具有相对独立的特征，并且从一定程度上来说，技术的发展是一个自发的过程，技术可看做一个独立变量。而能源、土地利用和农业则与人口、经济和技术进步存在着直接的关联，它们都不具有独立性。另外，人口、经济具有一定的外生性，系统对于这两个因子无法实施调控作用，而能源、土地利用和农业这三个因子却具有相当程度的可调控性。因此，我们把人口、经济、技术定义为碳排放的社会驱动因子，其他因子则归类到控制因子和约束因子的范畴。

①人口增长、生活质量提高的双重驱动

作为资源和产品的最终消费者，人口的增长，直接带来的就是环境资源的压力，当人口增长率得到有效控制时，现有人口生活质量的提高也会增加对资源和产品的需求，从而加剧环境资源压力。由于我国长期实施计划生育政策，人口增长率已从20世纪80年代的1.5%下降到如今的0.7%，这一人口增长率已经低于美国。但是，由于我国人口基数大，资源的人均占有量比较低，即使人口不再增长，现在的资源供给也已经不堪重负。另外，我国的城市化水平低，随着城镇化步伐的不断加快，城市基础设施的建设，对碳密集度高的钢铁、水泥等原材料的需求不断加大，并且随着人民生活水平的不断提高，碳排放也会不断增加，所有这些使得经济社会发展的难度增大，我们的选择受到了更多的约束。

②经济规模的扩张和维护的双重需求

伴随着技术进步和投资的增加，社会生产规模不断地扩大，我国经济具有非常强劲的增长势头，国民经济的快速增长直接带来了更大的能源消耗量。从以往的发展数据来看，国民经济每增长一个百分点，就需要 0.5～1 个百分点的能源增长来支撑。在未来相当长的时间内，我国能源结构中，化石能源会一直处于主导地位，这就意味着碳排放量的增长。与发达国家相比，我国的技术水平比较落后，能源利用效率比较低，单位 GDP 的碳排放量比较高，即使在同等规模的经济系统中，我国的能源消费量和碳排放量也会高于发达国家，这是毋庸置疑的。

③消费水平和偏好

居民的消费状况也会影响能源消耗量和碳排放量，关于消费问题，我们可以从消费模式和消费水平两方面来进行分析。收入水平、购买力是消费水平的决定因素，比如，农村居民的收入水平相对低于城镇，因此，有些农村居民不会购买耐用消费品（空调、冰箱等），即使购买，大部分农村居民也会买中低档的；即使是城市居民，如果收入比较低，也只会购买中低档的耐用消费品。另外，购买力水平也会影响居民的消费模式，低收入者一般会选择经济型消费，而只有高收入者才会热衷于奢侈品的消费，影响居民消费模式的另一个因素则是由社会文化风尚引起的消费者行为偏好，一个典型的社会现象就是，收入水平远远低于欧洲、日本等发达国家的中国，市场上充斥着大量体型大、排量大、价格高的汽车，一个重要的原因来自很多国人追求高档时尚的炫富心理。

④技术进步

技术进步对于低碳发展具有双重驱动作用，一方面，通过技术创新能够大大提高能源利用效率，降低能源消耗量，减少碳排放量；另一方面，技术进步带来的增产效应，会引起能源消耗量的增加，从而部分或全部抵消了技术进步的降耗作用。因此，要考察技术进步对能源消耗和温室气体排放的净效应，需要从节能和增产两个方面来进行分析和评价。而一些新能源技术却没有这些抵消效应，新型能源的开发利用，可以大大增加能源供给，却不会增加碳排放量。因此，新能源技术的研发，有助于加速低碳技术的商业化进程，满足低碳发展的要求。

（2）低碳发展的选择与调控因子

社会经济因子涉及社会进步与经济发展目标，有自身的发展演化规律，很难为了减少温室气体排放而加以选择和调控。而能源结构、经济结构、能源效率及碳汇等因子，对碳排放问题有着重大影响，并且这些因子可以根据碳排放目标进行选择和调控，在满足社会经济发展的前提下，减少温室气体排放。

①能源结构

充足的能源供给是经济社会发展的基础，不同种类能源的碳排放系数差别很大，风能、太阳能、水能等属于无碳能源，而化石能源的碳排放系数都很高，因此，通过调整能源结构，可以在不减少社会能源供给的情况下，实现低排放目标。如果用水电或核能代替煤炭，使得煤炭消耗量降低一个百分点，则温室气体排放量就会降低 1.14%，即使用石油或天然气这样的含碳量较低的能源替代煤炭，每减少一个百分点的煤炭消费量，碳排放量也会分别减少 0.28% 和 0.46%。

②经济结构

由于不同产业对能源的消耗量不同，因此，在同等经济规模、同样技术水平下，如果产业结构不同，碳排放量可能会有巨大的差别。制造业、建筑业、交通运输业等都是能源消耗大户，而服务业的能源消耗比较低，因此，必须加快服务业的发展步伐，不断提高服务业在国民经济中所占的比重，这样有助于在保持国民经济总量不变或增长的情况下，实现温室气体减排的目标。

③能源效率

如果能源效率提高了，可以用更少的能源消耗实现同样的产出，而能源消耗的降低带来的是温室气体排放量的减少。能源效率提高的关键因素则是技术进步，因此，必须大力发展那些市场潜力大、成本效率高的节能或新能源技术，在保证经济发展需要的同时降低碳排放。

④碳汇潜力

由于绿色植物通过光合作用吸收固定大气中的二氧化碳，因而通过土地利用调整和林业措施将大气温室气体储存于生物碳库，也是一种积极有效的途径。中国的陆地面积 960 万平方千米，1％的森林覆盖率大约有 10 万平方千米，约 1000 万公顷。也就是说，中国增加 1％的森林覆盖率，便可以从大气中吸收固定 0.6 亿～7.1 亿吨碳。中国当前的人均碳排放量约为 0.8 吨，全国约 10 亿吨，这样，当前排放水平的 1％～8％可以通过森林碳汇而得到削减。

（3）低碳发展的约束因子

不论是经济与社会发展，还是低碳途径的选择和潜力的实现，均受到各种自然与社会经济因素的约束。所有自然与社会经济的状态因子，对社会经济驱动因子和低碳选择的调控因子均构成一种制约。当然，这些制约也是相对的，可以在经济发展的进程中加以弱化乃至部分消除。

①资源禀赋

中国的水资源居世界第一位，煤炭资源居世界第三位，石油储量居世界第十一位，常规能源的探明总量达到了 1550 亿吨标准煤，占世界总量的 10.7％。但是，由于中国人口众多，人均能源探明量只有 135 吨标准煤，只占世界能源人均量的 51％，其中，煤、石油、天然气的人均探明量分别占世界人均量的 70％、11％、4％，虽然水资源总量居世界第一，但是其人均量仍然低于世界人均量，而我国以煤为主的能源结构在碳排放强度方面又处于特别不利的位置。

②资金与技术能力

资金积累与技术进步对于经济发展与低碳选择有非常积极的意义。技术与资金的实力决定了发展中国家在工业化的进程中能否充分发挥其后发优势，资金与技术能力包括资金技术获得能力、技术吸纳能力以及技术创新能力，中国的资金潜力巨大，可以为低碳发展提供充足的资金保障，目前我们对引进技术的吸纳能力不强，引进的一些先进技术不能充分发挥其作用，中国的技术创新能力不强，仍然是技术净进口国，经济发展只能靠外延扩大方式来增加产出，低碳选择的范围仍然非常有限。

③社会基础设施

社会基础设施建设对低碳发展的影响也是正反两方面的。一方面，基础设施的建设与完善可以使物质流通、利用的效率快速提高，降低能源浪费，增加减排的选择手段；另一方面，中国已处于快速工业化阶段，对基础设施的需求和建设呈现加速态势，基础设施建设过程中需要大量高能耗的原材料，这样就会造成能源消耗量的增加，产生更多的碳排放。

6.1.2 低碳经济系统建模与仿真

(1) 系统动力学建模

通过对低碳经济系统的结构分析，确立模型构建的目标，对收集到的信息进行分析和处理，从系统的各种要素中抽象出能描述系统概貌的、具有代表性的变量，建立低碳经济系统的变量集（略）。

遵循系统动力学的建模原理，在 Vensim 的主界面上绘制低碳经济系统的结构图（图 6-1），根据系统结构图，按照 Vensim 格式列出低碳经济系统 SD 模型的方程式（略）。

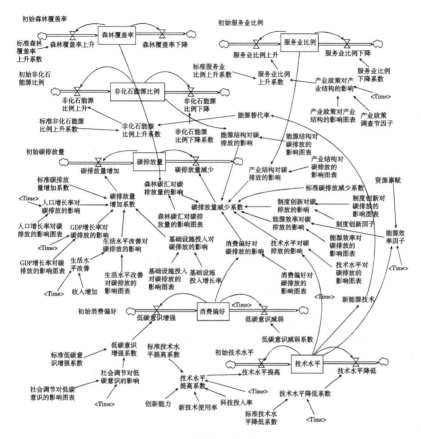

图 6-1　低碳经济系统结构

（2）系统仿真

低碳经济系统 SD 模型的仿真结果如图 6-2 所示。

（3）政策模拟分析

通过变换系统关键参数值，来构建不同的经济发展情景和政策环境，通过系统仿真模拟，得出不同的仿真结果，通过对仿真结果的比较分析，为低碳经济发展政策的制定与完善提供科学的依据。

单位: 亿吨

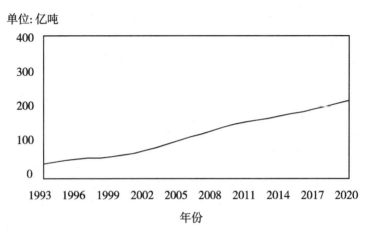

图 6-2 碳排放量仿真结果

方案一: 技术进步

提高技术进步因子（将创新能力系数、新技术使用率、科技投入率分别增加 0.1），系统仿真结果表明，由于技术进步速度加快，使得能源效率有了很大提高，由于新能源技术的发展，优化了能源结构，非化石能源的比例上升，大大减少了碳排放。

方案二: 政策调节

改善政策调节因子，将产业政策调节因子、制度创新因子分别增加 1，系统仿真结果表明，由于加大了政策调控力度，更好地激发了企业低碳发展和制度创新的积极性，碳减排效果明显。

方案三: 经济发展速度

将经济发展模式设定为高速发展，将 GDP 增长率、基础设施投入增长率分别调高 0.5 个百分点，系统仿真结果表明，由于经济的高速增长，基础设施建设步伐加快，带来了更高的能源消耗，进而引起碳排放量的增加。

仿真结果对比如图 6-3 所示。

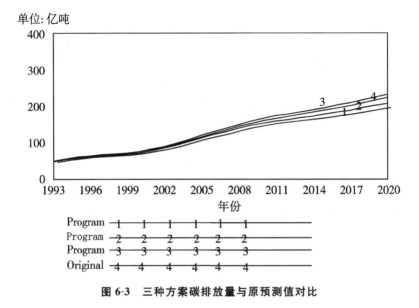

图 6-3　三种方案碳排放量与原预测值对比

6.1.3　关于低碳经济发展机制的研究结论

(1) 技术进步对碳减排作用显著

社会经济驱动因子相对于单纯的碳减排需求, 多具有外在性特征, 比如, 决策者不会为了减排而调低经济增长率, 缩小经济规模。对于消费模式、技术进步等因子, 我们则可以通过对其进行调控来实现低碳发展的目标, 在提高消费水平和社会福利的同时, 我们可以通过抑制和反对奢侈性消费模式, 支持可再生资源的技术开发, 降低能源消耗量。由于新能源技术不存在碳减排的抵消效应, 所以, 新能源的开发利用, 在增加能源总供给的同时, 不会造成碳排放量的增加。在新能源技术领域的研发投入, 可以加快实现低碳技术的商业化, 满足市场的能源需要, 实现低排放目标。

（2）产业调节政策有助于降低碳排放

第三产业的能源消耗比较低，大力提高第三产业特别是服务业在经济结构中的比重，能够在保证国民经济总量不变或增长的情况下，减少温室气体的排放。当然，产业结构调整受诸多制约因素的影响。首先，产业结构与一定的经济和社会发展阶段相适应，处于快速工业化进程中的中国，必须在充分工业化之后，才可能由服务业来主导国民经济。其次，由于我们不具备资金、技术、管理方面的优势，靠发展高端服务业来实现低碳发展，在经济全球化背景下，缺乏比较优势，难以突破。总之，经济结构的调整有助于减碳发展，但这种调整受到经济与战略等方面的制约。

（3）提高能源效率是低碳发展的重要举措

提高能源效率，可以在保持同等产出的前提下降低能源消耗，降低碳排放量。技术进步是提高能源效率的重要举措，发展能源技术，特别是那些具有市场潜力、具有成本效率的节能技术和新能源技术，可以为碳减排带来立竿见影的效果。我国拥有世界最高的钢铁、水泥产量，其消费量超过了全球总量的 25％，在降低工业品单位能耗方面具有巨大的潜力，我们只需采用常规的先进技术，仅能源节省一项，即可减少大量的生产成本。

（4）制度建设是低碳发展的基础设施

制度包括民主法治、公平参与、社会规范等内容。在民主与法治规范的社会里，政府与企业有更大的压力与约束选择低碳技术。这里的民主有两层含义：一是政治上的；二是经济上的。从政治上看，政策和法规的制定与执行，需要广泛的公众参与和支持。没有企业与社会公众认可的低碳路径，在实践中难以见到成效。从经济上看，每个企业，每个消费者，都具有经济理性，消费者通过市场选择，决定着低碳产品能否在市场立足。成为一种社会选择，带有行政色彩而没有市场竞争力的低碳产品，有可能只是在特定地区短期内实践，难以推广，难以形成规模。

6.2　煤炭产业低碳发展系统动力学建模

煤炭产业低碳发展系统是一个涉及经济、社会、资源、环境系统的复杂系统，在这个复杂系统中，经济发展、煤炭需求、煤炭生产、碳排放、环境压力等相互影响、相互制约，因此，煤炭产业低碳发展系统可以进一步划分为经济发展、资源开发、生态环境三个子系统。三个子系统之间相互联系，经济发展子系统决定着产业经济的发展水平、能源消耗结构和低碳技术水平、科技创新投入等，从而对资源开发子系统和生态环境子系统产生影响，资源开发子系统决定着煤炭资源的供给以及对生态环境的影响。其中，自然资源、低碳技术创新、企业的管理与控制能力、产业集中度、产业链延伸度等都是系统的重要影响因素（即决策控制因素），而经济发展速度、社会责任、产业政策、环境承载力、能源需求、其他相关产业（互补型或替代型）的发展等则是系统的外部影响因素，在前面机理分析的基础上，构建煤炭产业低碳发展系统动力学模型。

6.2.1　经济发展子系统 SD 建模

通过对经济发展子系统的结构分析，确立模型构建的目标，对收集到的信息进行分析和处理，选择出能够描述系统核心特征的变量，建立经济发展子系统变量集：国内生产总值（GDP）、GDP 增长量（GDPZZL）、GDP 增长率（GDPZZLV）、第一产业产值（CZ1）、第二产业产值（CZ2）、第三产业产值（CZ3）、第一产业煤炭需求（MTXQ1）、第二产业煤炭需求（MTXQ2）、第三产业煤炭需求（MTXQ3）、煤炭总需求（MTXQ）、煤炭供给（MTGJ）、煤炭资源勘查开发投资（MTKFTZ）、供需差额（GXC）、吨煤创造的国民生产总值（DMGDP）、煤炭增加或减少的国民生产总值量（MTZJGDP）等。

根据 SD 的建模原理，在 Vensim 的界面上绘制煤炭产业低碳发展系统经济发展子系统结构图（图 6-4）。经济发展子系统的主要构成变量为 GDP、GDP 增长率、煤炭资源需求量和煤炭资源供给量。这 4 个主要变量在其他辅助变量的联系和作用下，构成了经济发展子系统的反馈回路。

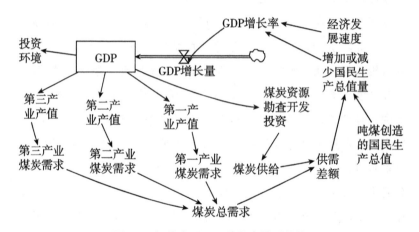

图 6-4　经济发展子系统仿真模型结构

GDP 反馈回路分析如下。

GDP 反馈回路第一环：GDP—GDP 增长率—GDP 增长量；

GDP 反馈回路第二环：GDP—煤炭资源勘查开发投资—煤炭供给—供需差额—增加或减少国民生产总值量—GDP 增长率—GDP 增长量；

GDP 反馈回路第三环：GDP—第一产业产值—第一产业煤炭需求—煤炭总需求—供需差额—增加或减少国民生产总值量—GDP 增长率—GDP 增长量；

GDP 反馈回路第四环：GDP—第二产业产值—第二产业煤炭需求—煤炭总需求—供需差额—增加或减少国民生产总值量—GDP 增长率—GDP 增长量；

GDP 反馈回路第五环：GDP—第三产业产值—第三产业煤炭需求—煤炭总需求—供需差额—增加或减少国民生产总值量—GDP 增长率—GDP 增长量。

这 5 条反馈回路都是正反馈关系，系统仿真模型结构图展示出 GDP 实现的 3 种途径：第一，随着 GDP 的增长，第一产业、第二产业、第三产业的投资规模都会不断扩大，投资规模的增加促进了三大产业的发展，又会引起 GDP 总量的增加；第二，GDP 的增长提高了投资的增长速度，煤炭勘察的投入就会随之加大，增加的投入带来的是煤炭资源开采量的增加，从而增加 GDP 的积累；第三，GDP 的快速增长带来了 GDP 增长率的提高，从而引起 GDP 总量的增加。

同理可以进行其他 3 个主要变量的反馈回路分析。煤炭资源供给主要是由煤炭资源开发规模来决定的，而煤炭资源开发则受多种因素的制约，其中，煤炭资源禀赋、煤炭资源的勘察是煤炭资源开发的基础和条件，煤炭开发企业的生产能力、技术创新能力和技术水平以及煤炭资源开发的投资力度决定了煤炭资源开发的能力，而生态环境的承载能力则是煤炭资源开发的外部制约因素，是对煤炭资源绿色开发、低碳开发的要求。社会经济发展的煤炭资源需求能否得到有效满足，关键在于一定时期的煤炭资源的供给能力，而煤炭的供给要求直接影响着煤炭产业的经济发展。

根据系统结构图，运用 DYNAMO 语言编写经济发展子系统的 SD 主要方程如下：

NOTE

NOTE　GDP　国内生产总值

NOTE

L　GDP. K＝GDP. J＋GDPZZL. JK

R　GDPZZL. KL＝GDP. K×GDPZZLV

NOTE

NOTE　MTXQ　煤炭总需求

NOTE

L　MTXQ. K＝MTXQ1. K＋MTXQ2. K＋MTXQ3. K

A　MTXQ1. K＝CZ1/DMGDP

A　MTXQ2＝CZ2/DMGDP

A　MTXQ3＝CZ3/DMGDP

6.2.2　资源开发子系统 SD 建模

煤炭资源开发子系统是煤炭产业低碳发展系统的核心部分，也是煤炭资源有效供给的基础和保障，煤炭资源的开发规模受多种因素的影响，企业对煤炭开发环节的投资力度决定了煤炭开发的能力，包括煤炭生产和加工的能力。而煤炭资源储量也是煤炭开发利用的基础和条件，通过对煤炭资源开发子系统中各因素的分析，构建完整的煤炭开发供应体系。

筛选关键性系统变量，构建煤炭产业低碳发展系统的资源开发子系统的变量集。

国内生产总值（GDP）、已探明储量（YTMCL）、未探明储量（WTMCL）、新增探明储量（XZTMCL）、勘探技术进步（KTJSJB）、单位投资煤炭探明率（DWTZMTTML）、煤炭勘察开发投资（MTKCKFTZ）、煤炭资源采选（MTZYCX）、煤炭供应量（MTGJ）、大气污染产生量（DQWRCSL）、固体废物产生量（GTFWCSL）、废水产生量（FSCSL）、采选投资比（CXTZB）、煤炭勘察投资（MTKCTZ）、勘察投资比（KCTZB）、煤炭成矿远景（MTCKYJ）等。

根据 SD 的建模原理，绘制煤炭产业低碳发展系统资源开发子系统结构图（图 6-5）。

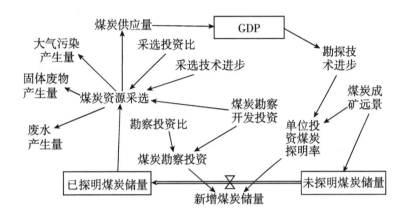

图 6-5　煤炭资源开发子系统仿真模型结构

煤炭资源开发子系统的主要构成变量为已探明煤炭储量、新增煤炭储量、煤炭资源采选。这 3 个主要变量在其他辅助变量的联系和作用下，构成了经济发展子系统的反馈回路。

新增煤炭储量反馈回路分析如下。

新增煤炭储量反馈回路第一环：新增煤炭储量—未探明煤炭储量—单位投资煤炭探明率；

新增煤炭储量反馈回路第二环：新增煤炭储量—已探明煤炭储量—煤炭资源采选—煤炭供应量—GDP—煤炭勘察开发投资；

新增煤炭储量反馈回路第三环：新增煤炭储量—已探明煤炭储量—煤炭资源采选—煤炭供应量—GDP—勘探技术进步—单位投资煤炭探明率。

这 3 条反馈回路也都是正反馈关系，其中，第一条回路表明：由于新增煤炭探明储量增加了，直接导致未探明煤炭储量的减少，随着未探明煤炭储量规模的减少，单位投资的煤炭探明率就会降低；第二条回路表明：由于新增煤炭储量增加了，已探明煤炭资源储量随之增加，煤炭资源的开采规模也会增加，就可以向社会提供更多的煤炭资源，促进经济社会的发展，随着 GDP 积累的增加，煤炭产业就会向煤炭勘查环节投入更多的资金；第三条回路表明：新增煤炭储量的增加带来了已探明煤炭资源储量的增加，继而增加了煤炭开采规模和煤炭资源的供给量，促进了国民经济的发展，煤炭产业将更多的资金用于勘探技术进步，提高了单位投资煤炭探明率，同理可以进行其他两个主要变量的反馈回路分析。

根据系统结构图，运用 DYNAMO 语言编写的煤炭资源开发子系统的 SD 主要方程如下：

NOTE

NOTE　YTMCL　已探明储量

NOTE

L　YTMCL. K＝YTMCL. J＋XZTMCL. JK

R　XZTMCL. KL＝MTKCTZ. K×DWTZMTTML. KL

A　MTKCTZ. K＝MTKCKFTZ. K×KCTZB. K

NOTE

NOTE　MTZYCX　煤炭资源采选

NOTE

L　MTZYCX. K＝YTMCL. K×CXTZB. K＋YTMCL. K

　　　　　　×CXJSJB. K

A　MTGJ. K＝MTZYCX. K×CMB. K

A　GTFWCSL. K＝MTZYCX. K×GTFWCSYZ. K

A　FQCSL. K＝MTZYCX. K×FQCSYZ. K

A　FSCSL. K＝MTZYCX. K×FSCSYZ. K

6.2.3　生态环境子系统 SD 建模

生态环境子系统是煤炭产业低碳发展系统的基础，对社会经济发展提出了生态保护的要求，同时也制约着煤炭资源开发的规模、速度以及开发方式，生态环境子系统与经济发展子系统、资源开发子系统之间相互影响、相互作用、相互制约，必须找出煤炭产业低碳发展系统的三个子系统协同发展的均衡点，在低碳发展的背景下，做出产业经济发展及资源开发的合理规划。

建立煤炭产业低碳发展系统的生态环境子系统的变量集。

固体废物排放（GTFWPF）、废气排放（FQPF）、废水排放（FSPF）、固体废物产生量（GTFWCSL）、固体废物利用量（GTFWLYL）、废气产生量（FQCSL）、废气治理量（FQZLL）、废水产生量（FSCSL）、废水处理量（FSCLL）、废水综合利用率（FSZHLYL）、废水综合利用投资（FSZHLYTZ）、废水处理技术进步（FSCLJSJB）、废水产生因子（FSCSYZ）、废气产生因子（FQCSYZ）、固体废物产生因子（GTFWCSYZ）、固体废物综合利用率（GTFWZHLYL）、固体废物利用投资（GTFWLYTZ）、废气综合治理率（FQZHZLL）、环境投资（HJTZ）、环境污染（HJWR）等。根据 SD 的建模原理，绘制煤炭产业低碳发展系统生态环境子系统结构图（图 6-6）。

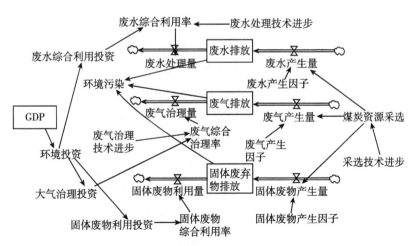

图 6-6　生态环境子系统仿真模型结构

矿区环境污染主要包括固体废物排放、废水排放、废气排放三部分。其中，固体废物主要是指煤矸石和粉煤灰，废水主要是指矿井废水和生活废水，废气主要是指煤炭采选过程中的废气排放。因此，将固体废物排放、废水排放、废气排放、环境污染等变量作为生态环境子系统的主要构成变量。

这4个主要变量在其他辅助变量的联系和作用下，构成了生态环境子系统的反馈回路。

环境污染反馈回路分析如下。

环境污染反馈回路第一环：环境污染—煤炭资源采选—固体废物产生量—固体废物排放；

环境污染反馈回路第二环：环境污染—煤炭资源采选—废水产生量—废水排放；

环境污染反馈回路第三环：环境污染—煤炭资源采选—废气产生量—废气排放。

这3条反馈回路都是负反馈关系，三条反馈回路表明：由于环境污染的日益加重，引发了人们对环境问题更加广泛的关注，煤炭资源的开发利用规模就会受到一定的制约，煤炭资源采选规模的减少，直接引起煤炭生产过程中固体废物、废水、废气的产生和排放量，从而降低对生态环境的污染和破坏。

由图6-6可以看出，煤炭资源开发过程中的"三废"排放量取决于"三废"的综合利用率，提高固体废物、废水、废气的综合利用率，必须依赖于"三废"处理技术进步。另外，煤炭资源开发过程中排放的"三废"通过不同的方式对周围环境造成污染，固体废物主要是指在煤炭生产加工过程中产生的煤矸石、粉煤灰，废水主要是指矿井废水，废气主要是指煤炭采选过程中的矿井排风、燃煤所产生的烟尘、瓦斯、二氧化碳、二氧化硫、二氧化氮等有毒气体等。

根据系统结构图，运用DYNAMO语言编写生态环境子系统的 SD 主要方程如下：

NOTE

NOTE　GTFWPF　固体废物排放

NOTE

L　GTFWPF. K＝GTFWPF. J＋DT×（FSCSL. JK－GTFW-
LYL. JK）

R　GTFWCSL. KL＝MTZYCX. K×GTFWCSYZ. KL

R　GTFWLYL. KL＝GTFWCSL. K×GTFWZHLYL. KL

NOTE

NOTE　FQPF　废气排放

NOTE

L　FQPF. K＝FQPF. J＋DT×（FQCSL. JK－FQZLL. JK）

R　FQCSL. KL＝MTZTCX. K×FQCSYZ. KL

R　FQZLL. KL＝FQCSL. K×FQZHZLL. KL

NOTE

NOTE　FSPF　废水排放

NOTE

L　FSPF. K＝FSPF. J＋DT×（FSCSL. JK－FSCLL. JK）

R　FSCSL. KL＝MTZTCX. K×FSCSYZ. KL

R　FSCLL. KL＝FSCSL. K×FSZHLYL. KL

则煤炭产业低碳发展系统的总体结构如图 6-7 所示。

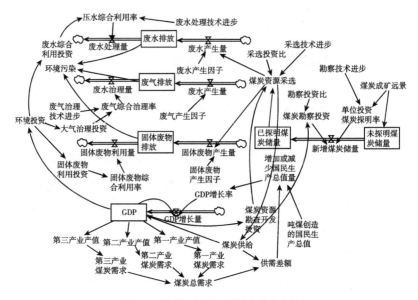

图 6-7 煤炭产业低碳发展系统结构

6.3 煤炭产业低碳发展系统仿真模拟

6.3.1 方程式构造

下面按照 Vensim 格式列出模型的方程式。

（1）固体废物排放＝INTEG（＋固体废物产生量－固体废物利用量，固体废物排放初始值）

单位：亿吨

（2）固体废弃物排放初始值＝1

单位：亿吨

（3）固体废物产生量＝煤炭资源采选×固体废物产生因子

单位：亿吨

（4）固体废物产生因子＝固体废物产生因子图表（Time）

单位：Dmnl

（5）煤炭资源采选＝已探明煤炭储量×煤炭开采比例

单位：万吨

（6）采选投资比对煤炭开采比例的影响＝采选投资比对煤炭开采比例的影响图表（采选投资比）

单位：Dmnl

（7）采选投资比对煤炭开采比例的影响图表

｛［（0.01，0）－（0.05，0.5）］，（0.01，0.112），（0.02，0.204），（0.03，0.311），（0.04，0.404），（0.05，0.457）｝

单位：Dmnl

（8）已探明储量＝INTEG（＋新增煤炭储量，已探明储量初始值）

单位：万吨

（9）新增探明储量＝未探明煤炭产量×煤炭勘察投资×单位投资煤炭探明率

单位：万吨

（10）勘探技术进步对单位投资煤炭探明率的影响＝

勘探技术进步对单位投资煤炭探明率的影响图表（勘探技术进步因子）

单位：Dmnl

（11）勘探技术进步对单位投资煤炭探明率的影响图表

｛［（0.01，0）－（0.05，0.6）］，（0.01，0.1001），（0.02，0.2023），（0.03，0.3154），（0.04，0.4078），（0.05，0.5302）｝

单位：Dmnl

（12）固体废物利用量＝固体废物产生量×固体废物综合利用率

单位：亿吨

（13）固体废物利用投资对固体废物综合利用率的影响＝

固体废物利用投资对固体废物综合利用率的影响图表（固体废物利用投资增长率）

单位：Dmnl

(14) 固体废物利用投资对固体废物综合利用率的影响图表

{ [（0.01，0）—（0.05，1）]，（0.01，0.162），（0.02，0.234），（0.03，0.321），（0.04，0.561），（0.05，0.783）}

单位：Dmnl

(15) 环境投资对固体废物利用投资的影响＝

环境投资对固体废物利用投资的影响图表（环境投资增长率）

单位：Dmnl

(16) 环境投资对固体废物利用投资的影响图表

{ [（0.01，0）—（0.05，0.1）]，（0.01，0.002），（0.02，0.027），（0.03，0.034），（0.04，0.069），（0.05，0.082）}

单位：Dmnl

(17) GDP 对环境投资的影响＝

GDP 对环境投资的影响图表（GDP 增长率）

单位：Dmnl

(18) GDP 对环境投资的影响图表

{ [（0.07，0）—（0.1，1）]，（0.07，0.01），（0.075，0.022），（0.08，0.041），（0.085，0.054），（0.09，0.061）}

单位：Dmnl

(19) 废气排放＝INTEG（＋废气产生量－废气治理量，废气排放初始值）

单位：亿立方米

(20) 废气排放初始值＝1543

单位：亿立方米

(21) 废气产生量＝煤炭资源采选×废气产生因子

单位：亿立方米

（22）废气产生因子＝废气产生因子图表（Time）

单位：Dmnl

（23）废气治理量＝废气产生量×废气综合治理率

单位：亿立方米

（24）大气治理投资对废气综合治理率的影响＝

大气治理投资对废气综合治理率的影响图表（大气治理投资增长率）

单位：Dmnl

（25）大气治理投资对废气综合治理率的影响图表

｛［（0.01，0）－（0.05，1）］，（0.01，0.172），（0.02，0.274），（0.03，0.361），（0.04，0.591），（0.05，0.882）｝

单位：Dmnl

（26）环境投资对大气治理投资的影响＝

环境投资对大气治理投资的影响图表（环境投资增长率）

单位：Dmnl

（27）环境投资对大气治理投资的影响图表

｛［（0.01，0）－（0.05，0.1）］，（0.01，0.003），（0.02，0.037），（0.03，0.052），（0.04，0.071），（0.05，0.085）｝

单位：Dmnl

（28）废水排放＝INTEG（＋废水产生量－废水处理量，废水排放初始值）

单位：万吨

（29）废水排放初始值＝29000

单位：万吨

（30）废水产生量＝煤炭资源采选×废水产生因子

单位：万吨

（31）废水产生因子＝废水产生因子图表（Time）

单位：Dmnl

（32）废水处理量＝废水产生量×废水综合利用率

单位：万吨

（33）废水综合利用投资对废水综合利用率的影响＝

废水综合利用投资对废水综合利用率的影响图表（废水综合利用投资增长率）

单位：Dmnl

（34）废水综合利用投资对废水综合利用率的影响图表

{［(0.01, 0) － (0.05, 1)］, (0.01, 0.102), (0.02, 0.224), (0.03, 0.341), (0.04, 0.541), (0.05, 0.772)}

单位：Dmnl

（35）环境投资对废水综合利用投资的影响＝环境投资对废水综合利用投资的影响（环境投资增长率）

单位：Dmnl

（36）环境投资对废水综合利用投资的影响

{［(0.01, 0) － (0.05, 0.1)］, (0.01, 0.004), (0.02, 0.017), (0.03, 0.032), (0.04, 0.057), (0.05, 0.068)}

单位：Dmnl

（37）煤炭总需求＝第一产业煤炭需求＋第二产业煤炭需求＋第三产业煤炭需求

单位：万吨

（38）煤炭供需差额＝煤炭总需求－煤炭供给

单位：万吨

（39）增加或减少国民生产总值量＝吨煤创造的国民生产总值×煤炭供需差额

单位：万元

（40）FINAL TIME＝2025

单位：Year

The final time for the simulation.

6.3.2　模型的有效性检验

现实中的低碳发展系统是十分复杂的，模型只是现实系统的抽象和近似。构造的模型能否有效代表现实系统，直接决定了模型仿真和政策分析质量的高低。因此，必须对模型进行有效性检验。

模型的有效性检验一般有两种，即理论检验和历史仿真检验。理论检验主要研究模型边界是否合理，模型变量之间的关系是否有现实意义，参数取值是否有现实意义以及方程量纲是否一致等；历史仿真检验主要是选定过去某一时段，将仿真得到的结果与实际结果相比照，考察两者是否吻合，以验证模型是否能有效代表实际系统。

首先，对模型进行理论检验。依据 SD 的建模原则、煤炭产业低碳发展的实际情况以及建模的目的可知，所建立模型的系统边界是合理的，模型变量之间的关系以及参数取值都具有现实意义，方程量纲也是一致的。所以，可以认为该模型通过了理论检验。

下面，以我国 2001—2013 年煤炭产业低碳发展系统的相关历史数据为依据，对该模型进行历史仿真检验。在检验的过程中，通过反复调整模型结构和模型中的可调参数，使模型的行为更加接近实际系统，最终的检验结果见表 6-1。

从表 6-1 中可以看出，模型仿真值和历史值的相对误差均不超过 5%。因此，可以认为该模型基本能够有效地代表我国煤炭产业低碳发展系统，可以用来进行仿真，并且可以预测该系统未来的发展情况。

6.3.3　仿真结果

模型通过有效性检验以后，就可以进行模拟仿真了，煤炭产业低碳发展系统 SD 仿真模型的仿真预测结果见表 6-2。

表6-1 历史仿真检验结果

	年份	2001	2002	2003	2004	2005	2006	2007	2008	2009	2010	2011	2012	2013
固体废物排放（万吨）	历史值	868	790	582	528	496	390	359	334	313	299	356	410	438
	仿真值	868	771	601	548	511	425	372	340	321	303	367	392	419
	相对误差（%）	0	-0.0241	0.0326	0.0378	0.0302	0.0897	0.0362	0.0256	0.0375	0.0067	0.0429	-0.0439	-0.0434
废水排放（万吨）	历史值	29213	34540	37400	49983	46650	54023	73040	72209	80236	104765	143493	139820	130121
	仿真值	29213	33098	36865	48865	47854	52997	69920	70112	81011	99562	137651	137985	135660
	相对误差（%）	0	-0.0417	-0.0143	-0.0223	0.0258	-0.0189	-0.0427	-0.0290	0.0096	-0.0496	-0.0407	-0.0131	0.0425
废气排放（亿立方米）	历史值	1543	1407	1782	1826	1935	1962	2134	3254	3893	3881	3921	3745	3601
	仿真值	1543	1378	1604	1717	1856	2013	2199	3291	3906	3945	4001	3791	3584
	相对误差（%）	0	-0.0206	-0.0998	-0.0596	-0.0408	0.02599	0.03045	0.01137	0.00334	0.01649	0.22040	0.01228	-0.0047
煤炭产量（万吨）	历史值	147152	155040	183489	212261	234951	252855	269164	280212	297310	323500	351600	366000	371000
	仿真值	147152	150206	175523	221854	246350	261186	277512	284996	309214	325199	345430	360800	378707
	相对误差（%）	0	-0.0312	-0.0434	0.04519	0.04851	0.03294	0.03101	0.01707	0.04003	0.0052	-0.0175	-0.0142	0.02077

表 6-2　仿真预测结果

年份	2014	2015	2016	2017	2018	2019	2020	2021	2022	2023	2024	2025
固体废物排放（万吨）	398	374	363	341	319	297	285	260	248	221	198	171
废水排放（万吨）	129987	120321	116999	111410	107302	98671	87045	80222	74698	60771	59223	51067
废气排放（亿立方米）	3565	3488	3402	3354	3297	3200	3179	3101	2966	2912	2860	2819
煤炭产量（万吨）	372206	373578	380947	385826	391625	397992	406268	416354	421293	429815	433419	440452

6.3.4 煤炭产业低碳发展的政策建议

（1）在全社会进行低碳理念的宣传和教育

要充分发挥电视、网络、广播等媒介的作用，在全社会进行低碳经济理念和低碳经济知识的宣传、教育，使广大民众深刻认识到，发展低碳经济是人类生存方式和经济运作方式的巨大变革，人类要生存和发展，必须改变传统的发展模式，必须走可持续发展的道路。通过宣传和教育，促进全民低碳理念、低碳消费观念的形成，只有这样，在推进煤炭产业低碳发展的过程中，社会大众才会给予充分的理解与支持。同时，通过建立低碳披露举报制度，监督指导煤炭企业实现清洁生产，实现低碳发展。

（2）制定和完善煤炭产业低碳发展总体规划

坚持以科学发展观为指导，以提高我国煤炭产业竞争力及可持续发展能力为总体目标，以技术进步和制度创新为基础，以节能减排、循环经济为突破口，提高资源利用效率，不断减少温室气体的排放，不断改善矿区的生态环境，确定煤炭产业低碳发展的阶段性目标，要正确处理煤炭产业经济发展与产业低碳转型的关系，正确处理产业经济增长与生态环境保护的关系，最终实现经济效益、社会效益以及环境效益三者的有机统一。

（3）不断完善煤炭产业低碳发展的法律政策体系

在《环境保护法》《资源法》等相关法律中，不断完善与煤炭产业低碳发展相关的法律条款，或者研究出台与煤炭领域相关的子法，比如煤炭节约、煤炭资源循环利用、煤炭技术创新等方面的法律，逐步实施强制性的能耗指标制度，为煤炭产业的低碳发展建立完善的法律体系。

政府要制定相应的税收优惠政策以促进煤炭产业的低碳发展。对能耗高、排放量大的煤炭企业应采取一些处罚措施，促使其在成本效益的博弈中积极主动地采取洁净生产技术，提高能源利用效率，降低排放量；对积极进行低碳转型发展的企业，则应给予减免税收的鼓励政策。

（4）优化煤炭产业结构提高煤炭资源利用效率

延长煤炭产业链，大力发展煤炭资源的深加工、综合利用，可以有效降低碳排放量。延长煤炭产业链的主要方式有：利用原煤洗选加工过程中分离出来的动力煤或者是碳含量比较低的中煤、泥煤以及高碳煤矸石进行发电，实现一次能源向二次能源的转化；利用煤化工技术制造甲醇，然后再以甲醇为原料，生产出市场需要的相应工业原料采用先进技术发展煤化工产业，提高煤炭加工利用率；通过煤焦化工艺，将煤炭企业生产的优质焦煤生产加工成焦炭，同时生产出煤焦油、焦炉煤气等附带产品。这样就形成了煤炭产业上下游的联动经济，可以实现煤炭资源集约化利用。

同时，政府要制定合理的规划，通过一系列政策措施促使企业积极采用低能耗的生产设备，加快淘汰高能耗的落后产能，鼓励煤炭企业通过竞争和兼并，实现集团化发展。

（5）建立煤炭产业低碳发展的创新机制

健全煤炭产业低碳发展的管理机制，形成责权明晰、统一协调的管理体制，建立低碳发展的保障机制，为率先试点的煤炭企业提供实施预案和资金支持，并给予实时的引导、监督和管理，对试点企业低碳转型的进度及转型目标的完成情况，要进行综合测评，确保煤炭产业的低碳转型沿着一条稳定、持续、健康的轨道进行。

政府应大力支持和鼓励社会资金加入煤炭产业低碳发展的进程中，形成以政府为主导、多元化参与、市场化运作的多元化资金投入机制；以低碳示范园区作为载体，从煤炭企业、煤炭工业园区、煤炭区域发展这三个层面来建立完整的煤炭产业低碳发展体系；通过政府的引导，建立完善碳排放市场交易机制，使得煤炭产业的节能减排获得更大的发展契机。

（6）加强煤炭产业低碳发展区域间交流与合作

通过建立低碳技术信息网络，加强国家间、省（区）间煤炭产业低碳发展的交流与合作；借鉴或引入国际先进的节能技术，通过共同研发，提高煤炭企业的科技水平及创新能力；建立低碳技术合作示范区，为我国煤炭产业实现与国际接轨以及低碳发展提供信息技术共享的广阔平台；提倡和鼓励民间环保组织之间的交流，鼓励和促进煤炭企业在节能减排领域的合作，促进煤炭产业低碳发展政策的交流以及低碳经济相关的项目合作。

（7）构建煤炭产业低碳技术支撑体系

加大煤炭产业低碳技术的研发力度，大力支持煤炭企业低碳技术创新，要构建政府与社会共同参与的研发资金投入体系，以此来降低煤炭企业的自主研发风险，鼓励企业抛开资金压力，全力进行低碳技术的研发；应引导煤炭企业和相关大学、研究机构进行紧密合作，成立一些高水平的低碳经济研究机构，创建煤炭产业低碳转型发展研究实验室，共同进行低碳技术的研发和创新；同时，应大力推进煤炭企业洁净煤技术的产业化。

第7章 煤炭产业低碳发展评价体系

7.1 煤炭产业低碳发展评价指标体系

7.1.1 煤炭产业低碳发展评价指标体系的构建原则

（1）科学性原则

煤炭产业的低碳发展符合时代的要求，是必然的趋势，更好地体现了我们国家大力发展低碳经济的方针政策，因此，在构建煤炭产业低碳发展评价指标体系时，必须建立在科学的基础之上，要能够全面反映低碳经济发展的综合性和全局性，使得低碳经济系统的资源、环境、经济、社会子系统中各要素能够相互作用，协调发展。

（2）系统性原则

煤炭产业的低碳发展是一个复杂的系统工程，这个复杂的大系统中包含了科技的创新发展、先进的管理体系，在选择具体指标时，一定要考虑到指标体系的系统性、整体性、信息全面性等特征，要尽量避免多重共线性与序列相关的干扰。

（3）动态性原则

煤炭产业的低碳发展是一个长期的动态发展的过程，必须通过对一定时间跨度内的发展情况进行分析研究，才能掌握其发展的规律性，因此，评价指标的选择一定要考虑系统和各因素发展变化的特点，争取能够比较真实地描述煤炭产业低碳发展的规律和趋势。

（4）可操作性原则

煤炭产业低碳发展系统评价指标体系最终是为管理决策者提供决策依据，为政策制定部门和低碳发展管理部门制定正确的策略，进行科学管理提供服务的，因此必须把指标体系的可操作性原则放在首要地位，使其更加易于量化，系统评价时具备更好的操作性。

（5）3R原则

3R是指减量化（Reducing）、再利用（Reusing）、再循环（Recycling）。煤炭产业低碳经济发展的重点内容是通过节能减排，提高能源效率，实现资源高效率的循环利用，降低能源生产和消费过程中的碳排放，最终实现零排放，更好地促进人与自然的和谐发展。

（6）定性与定量相结合的原则

煤炭产业低碳发展系统的评价指标众多，对于指标的选择一定要尽可能地实现量化，对于那些实在难以量化却在系统中占有重要地位的指标，就要借助专家的力量，采取定性描述的方法，也可以将某些定性指标进行数量化。

7.1.2　煤炭产业低碳发展评价指标体系的构建

煤炭产业低碳发展综合评价指标体系框架的设计思路来自联合国可持续发展委员会的"驱动力—状态—响应"（DrivingForce—Status—Response，DSR）模型。DSR 框架是研究环境—经济—社会三大系统协调发展的基本模式，被广泛用来构建各种不同领域的可持续发展指标体系。

基于 DSR 模型构建煤炭产业低碳发展综合评价体系，首先应该将 DSR 三要素（驱动力、状态、响应）与煤炭产业低碳发展系统进行有机结合，并深入理解它们的内涵。一是煤炭产业低碳发展的驱动因素，随着全球环境问题的日益紧迫，低碳发展、可持续发展将成为经济发展的主要趋势，也必将成为煤炭产业经济转型发展的内在驱动力，具体包含资源可持续利用、低碳技术发展、生产方式变革等多重因素；二是煤炭产业低碳发展的状态，主要衡量煤炭产业在某一时期的低碳发展状况和水平，主要的衡量指标包括产业发展阶段、环境保护、低碳发展理念、碳生产力、资源开发利用、低碳技术水平等；三是煤炭产业低碳发展的政策环境响应，主要揭示煤炭产业低碳发展政策，比如，促进能源利用效率提高、低碳技术创新的税收优惠和财政补贴政策等。

通过对煤炭产业低碳发展系统的评价，发现煤炭产业在低碳转型发展过程中存在哪些不足，进一步探讨应采取哪些有效措施，沿着什么样的低碳发展路径，实现什么样的低碳发展目标，并对不同的低碳发展路径的成本及现有的产业低碳发展政策进行评估，可以为煤炭产业低碳发展政策的不断完善提供科学的依据。

煤炭产业低碳发展评价指标体系应是对煤炭产业低碳经济发展水平的客观评价，指标体系的构建主要是基于 DSR 框架，根据我国煤炭产业资源生产及消费状况，分析煤炭产业低碳发展的主要影响因素，并且借鉴国内外相关研究成果，依据煤炭产业低碳发展评价指标体系的构建原则，确定评价指标体系（准则层和指标层）如图 7-1 所示。

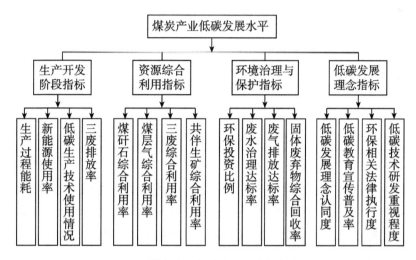

图 7-1　煤炭产业低碳发展评价指标体系

其中，生产过程能耗是指煤炭产业能源消费总量与产业总产值之比，即每万元产值所消耗的能源量（吨标准煤/万元）；新能源使用率是指煤炭产业所使用的非化石能源在其消耗的能源总量中占的百分比；低碳生产技术使用情况是一个定性指标，是指低碳技术在煤炭产业的使用情况，可以用"优秀""良好""一般""差""极差"五个等级来描述；"三废"排放率是指煤炭产业废水、废气和固体废弃物排放量与产业总产值之比，能够综合反映煤炭产业的污染物排放情况，这些指标体现了煤炭产业在资源生产开发过程中的低碳发展水平。

煤矸石综合利用率、煤层气综合利用率、共伴生矿综合利用率、"三废"综合利用率都是相关资源开发利用量与产生总量之比，反映了煤炭产业资源的综合利用状况。环保投资比例是指煤炭产业投资于环境保护的资金占煤炭产业总投资额的百分比；废水治理达标率是指经过处理达标的废水量占废水总排放量的百分比；废气排放达标率是指废气的达标排放量占废气总排放量的百分比；固体废弃物综合回收率是指固体废弃物的回收量与固体废弃物排放总量的百分比，这些指标主要说明了煤炭产业在环境治理和环境保护方面达到的水平。

低碳发展理念认同度是指煤炭产业各部门对低碳发展理念的接受和认可程度，也是一个定性指标，可以划分为"优秀""良好""一般""差""极差"五个级别；低碳教育宣传普及率是指煤炭产业接受低碳知识教育和宣传的人数占产业总人数的百分比；环保法律法规执行度是指煤炭产业对国家相关的环保法律法规的执行力度，低碳技术研发重视程度是指煤炭产业各部门对低碳技术研究开发的重视程度，与低碳发展理念认同度一样，环保法律法规执行度、低碳技术研发重视度也是定性指标，同样可以用"优秀""良好""一般""差""极差"五个级别来描述，这些指标反映了煤炭产业对发展低碳经济的认知程度、接受程度和重视程度，是产业低碳发展的前提和基础。

7.2　煤炭产业低碳发展评价方法

目前，关于低碳经济的综合评价，最常使用的方法是单项评价法和综合评价法，单项评价法是以相关的法律、标准为依据，评定与估价各评价项目的单个质量参数的环境影响，在评价某个环境质量参数时，应对各预测点在不同情况下该参数的预测值进行评价，单项评价必须有重点，对影响较大的环境质量参数，应评估价其重要程度、影响特性、影响范围、影响大小等。单项指标评价法的缺陷在于，对于多个经济体或者多个区域的环境影响问题，没有办法进行定量评价，对于某一经济体在不同阶段的等级次序，也没有办法进行评估和确定。综合评价法是运用多个指标对多个参评经济体或经济区域进行评价的方法，它是将多个指标转化为一个能够反映综合情况的指标来进行评价。比如不同国家经济实力，不同地区经济发展水平，小康生活水平达标进程，企业经济效益等，都可以应用这种方法来进行评价。综合评价法的不足在于，在确定指标权重时存在一定的主观性，可能会影响到评价效果的准确性。

我们采用综合评价法对煤炭产业的低碳发展进行评价，在操作的过程中尽量降低主观误差，力争为煤炭产业低碳发展系统的评价提供科学的判定依据。

7.2.1 指标正向化和无量纲化处理

在煤炭产业低碳发展评价指标体系中，有些指标是正向指标，有些指标则是逆向指标，必须将逆向指标进行正向化处理，使得指标体系中所有指标方向一致。

如公式（7－1），采用倒数变换法对逆向指标进行正向化处理，经过处理后的指标，数值越大，表明低碳经济发展水平越高。

$$x^* = \frac{1}{x} \tag{7-1}$$

其中，x 为逆向指标原始数值，x^* 为该指标的正向化指标值。

在评价指标体系中，由于各指标所代表的物理含义不同，存在着量纲上的差异，这种异量纲性是影响对事物整体评价的主要因素，因此，必须对指标进行无量纲化处理。指标的无量纲化，也称做指标的标准化、规格化，是一种通过数学变换来消除原始变量量纲影响的方法。

这里，我们采用归一化方法对指标进行无量纲化处理式（7－2）。

$$x = \frac{x^* - x^*_{\min}}{x^* - x^*_{\max}} \tag{7-2}$$

其中，x 为归一化后的指标数值，x^* 为所有（含正向化处理后）指标数值；x^*_{max} 和 x^*_{min} 分别为该指标区域各评价个体的最大值和最小值。

7.2.2 指标权重的确定

指标权重是指对各变量具有权衡轻重作用的数值，表示一变量与其他变量的相对重要程度。同一级别各指标的权重构成的集合，称权重向量（Wi），满足 $\sum Wi = 1$。指标权重确定得是否合理，是评价方法是否具有科学性的决定因素，通过指标权重的确定，体现各个指标在整个评价体系中的不同地位和作用。

确定指标权重（或权重向量）常用的方法有权重定义、德尔菲法、层次分析法、对偶比较法、主成分分析法等，目前比较常用的是德尔菲法和层次分析法。但是，这两种方法具有共同的缺陷，就是受人的主观性影响太大。因此，我们推荐使用将"主观性"和"客观性"结合起来的组合方法确定指标权重，将德尔菲法或者层次分析法与数据包络分析法有机结合，这种组合方法由于数据包络分析完全以客观数据为依据，可以在一定程度上弱化德尔菲法或者层次分析法的主观性，会使指标权重的确定更趋合理，组合方法如式（7—3）所示。

$$\mu_i = \alpha \mu_i^{DEA} + (1-\alpha) \mu_i^{AHP} \qquad (7-3)$$

式中，μ_i 为第 i 项指标总权重；μ_i^{AHP} 为 AHP 方法确定的第 i 项指标权重；μ_i^{DEA} 为 DEA 方法确定的第 i 项指标权重；α 为客观偏好系数，（$1-\alpha$）为主观偏好系数，其中 α 取值介于 0 和 1 之间，其值由决策者根据偏好给出。

7.2.3 综合合成方法

指标值综合合成方法有许多，常用的有线性加权和法、乘法合成法、加乘混合合成法等，这里采用线性加权和法式（7—4）。

$$y = \sum x_i \mu_i \qquad (7-4)$$

式中，y 表示低碳经济发展水平综合评价值，x_i 为标准化后的无量纲指标，μ_i 为相应指标权重。

目前，关于低碳经济发展水平的评价还存在诸多问题，上述建立的综合评价体系也只是对煤炭产业低碳发展潜力的一种相对评估。在指标选取、权重确定等方面仍存在一些需要进一步改进和完善的地方，但是，仍然可以为煤炭产业低碳发展水平及发展潜力的评价提供科学的参考依据。

第8章 结论及展望

一是煤炭产业低碳发展系统具有开放性、非平衡性、非线性等特点，符合系统自组织演化的条件，系统内部各要素之间的竞争和协同是系统演化的动力，从企业（微观）、产业链（中观）、经济系统（宏观）三个层次，煤炭产业低碳发展系统协同与竞争的动力机制包括：技术创新与企业低碳能力建设的耦合机制；煤炭生态产业链链内协作与链际演化的内生性；产业聚集度与煤炭产业低碳发展的关系；煤炭产业低碳发展与区域经济的耦合协调性；煤炭产业低碳发展与社会责任的耦合机制等。

二是煤炭产业低碳发展系统是一个涉及经济、社会、能源、环境系统的复杂系统，其低碳发展的影响因素包括压力因素、推动力因素、拉动力因素、支撑力因素等。将煤炭产业低碳发展系统进一步划分为经济发展、资源开发、生态环境三个子系统。三个子系统之间相互联系，经济发展子系统决定着产业经济的发展水平、能源消耗结构和低碳技术水平、科技创新投入等，从而对资源开发子系统和生态环境子系统产生影响，资源开发子系统决定着煤炭资源的供给以及对生态环境的影响。通过系统动力学建模及仿真，得出煤炭产业低碳发展趋势的模拟结果，可以为煤炭产业政策的制定提供比较科学的依据。

三是生态产业链的构建是煤炭企业可持续发展的主要途径之

一。要构建生态产业链，必须对企业的内部状况有充分的了解，比如现有的废物产生、利用渠道，企业在现有条件下可能形成的产业链等；为了使生态产业链构建的目标更加明确，必须建立生态产业链综合评价体系，清晰确定评价体系中的各类指标，为煤炭企业生态产业链建设确立可测评的总体目标和具体目标；补链企业是生态产业链的重要节点，补链企业的选择和引入，要以促进企业内部或企业间横向耦合、纵向延伸关系的形成为前提和原则。

四是根据低碳经济发展的要求和体系构建的原则，基于"压力—状态—响应"框架建立煤炭产业低碳发展综合评价指标体系，运用将"主观性"和"客观性"有机结合的层次分析法（或专家咨询法）与数据包络分析法的组合方法来确定指标权重，采用线性加权和法进行指标值综合合成，从而实现对煤炭产业低碳发展潜力的一种相对评估。

五是要实现煤炭产业的低碳发展，必须在全社会进行低碳理念的宣传和教育，制定和完善煤炭产业低碳发展总体规划，不断完善煤炭产业低碳发展的法律政策体系，优化煤炭产业结构提高煤炭资源利用效率，建立煤炭产业低碳发展的创新机制，加强煤炭产业低碳发展区域间交流与合作，构建煤炭产业低碳技术支撑体系等。

本书虽然对煤炭产业低碳发展问题进行了一定的创新性研究，得出了具有一定价值的结果，但仍然存在不足，有待于后续研究和改善。

第一，产业低碳发展是一个复杂系统问题，其系统动力学模型有待改进与丰富，随着煤炭产业低碳效益进一步显现，可以在系统动力学流图中引入低碳效益这一状态变量，丰富原有模型，使模型的运行更加接近实际。

第二，目前，关于低碳经济发展水平的评价还存在诸多问题，文中建立的综合评价体系也只是对煤炭产业低碳发展潜力的一种相对评估，在指标选取、权重确定等方面仍存在一些需要进一步改进和完善的地方。

第三，如何结合具体的碳减排目标进行煤炭产业低碳发展情景设计，并分析预测煤炭产业能否达到既定的低碳目标，这一问题还有待于深入研究。

参 考 文 献

[1] Johnston，D，Lowe，R，Bell，M. An Exploration of the Technical Feasibility of Achieving CO_2 Emission Reductions in Excess of 60% Within the UK Housing Stock by the Year 2050 [J] . Energy Policy，2005 (33)：1643~1659.

[2] Treffers，T，Faaij，APC，Sparkman，J，Seebregts，A. Exploring the Possibilities for Setting up Sustainable Energy Systems for the Long Term：Two Visions for the Dutch Energy System in 2050 [J] . Energy Policy，2005 (33)：1723~1743.

[3] Fuller，Merrian C. Portis，Stephen Compagni Kammen，Daniel M. Toward a Low-Carbon Economy：Municipal Financing for Energy Efficiency and Solar Power [J] . Environment，Jan. 2009，Vol. 51 Issue 1，22~33.

[4] Coveny I，Gerber J，HartleyM，et al. Power Renewables-Low-Carbon Future [J] . Engineering& Technology，2008，3 (3)：48~51.

[5] 赵星，张运东，杨艳. 国际大石油公司低碳发展实践及其启示 [J] . 国际石油经济，2010 (7)：12~15.

[6] 庄贵阳. 中国经济低碳发展的途径与潜力分析 [J] . 国际技术经济研究，2005，8 (3)：79~87.

[7] 李海泉，曾鸣. 国外低碳电力系统发展现状及经验启示 [J] . 华北电力技术，2010 (11)：46~51.

[8] 谢克昌. 煤炭的低碳化转让和利用 [J] . 山西能源与节能，2009 (1)：1~3.

［9］张安华．哥本哈根会议与电力工业低碳发展［J］．电力需求侧管理，2010（1）：1～3.

［10］张玉卓．从高碳能源到低碳能源——煤炭清洁转化的前景［J］．中国能源，2008（4）：20～37.

［11］沈宝宏．高碳能源低碳化利用途径分析［J］．中国能源，2010（1）：10～14.

［12］任力，华李成．英国的"低碳转型计划"及其政策启示［J］．城市观察，2010（3）：44～50.

［13］杜鹏程，张云龙．高碳产业的低碳发展路径——山西焦煤集团公司可持续发展纪实［J］．山西煤炭，2010（4）：21～24.

［14］胡彪．铸造产业的低碳发展战略对策研究［J］．企业经济，2010（10）：13～15.

［15］Igor Matutinovie. The Aspects and the Role of Diversity in Socioeconomics System：An Evolutionary Perspective［J］．Ecological Economics，2001，39（4）：239～256.

［16］RobertW. Rycroft. Self-organization networks：implications for globalation［J］．Technovation，2004，24（7）：187～197.

［17］Martin Rinne. Technology Roadmaps：Infrastructure for Innovation［J］．Technological Forecasting Social Change，2004，71（8）：67～80.

［18］Ulrich Wit. Self-Organization and Economies-What is New?［J］Structural Change and Economics Dynamics，1997，11（8）：489～507.

［19］岳晋．高技术产业成长的自组织理论透视［J］．中国地质大学学报（社会科学版），2004，12（4）：13～16.

［20］Andrew C. Inkpen. Creating Knowledge Through Collaboration［J］．California Management Review，Fall，1996，124.

［21］卞显红．基于自组织理论的旅游产业集群演化阶段与机制研究［J］．经济地理，2011（2）：327～332.

［22］苏小康，曾光明，黄国和，李建兵．城市人口区域分布动态演化自组织模型初步研究［J］．系统工程理论与实践，2003，15（10）：115～120.

［23］Rycroft Robert W. Don E. Kash.，Self-Organization Innovation Net works：Implications Globalization ［J］. Technovation，Vol. 24，1998，2（X）4：187～197.

［24］蒋同明，刘世庆. 基于自组织理论的区域创新网络演化研究［J］. 科技管理研究，2011（7）：23～30.

［25］张建文，周三多. 企业人力系统中的自组织［J］. 系统工程，1996，14（6）：37～40.

［26］Sergio Foeard，Silvano Cincotti，Michele Marehesi. Self-Organization and Market Crashe［J］. Journal of Economics Behavior&Organization，Vol. 49，No. 1，2002，241～267.

［27］Johnson N. F. Jarvis S. Volatility and Agent Adaptability in a Self-Organization Market［J］. Physica A，Vol. 258，No. 5，1998，230～236.

［28］朱永达，张涛，李炳军. 区域产业系统的演化机制和优化控制［J］. 管理科学学报，2001，4（3）：73～78.

［29］毕克新，王海燕. 高校科学研究与学科建设协同发展系统灰色关联分析与模型构建［J］. 系统工程理论与实践，2003，12（4）：40～43.

［30］苏小康，曾光明. 非平衡自组织理论模型应用于生活垃圾量预测［J］. 环境卫生工程，2002，10（2）.

［31］王红霞. 基于自组织理论的住宅房地产市场系统演化研究［D］. 南京：东南大学硕士学位论文，2006（3）.

［32］Mohsen Assili，M. Hossein Javidi D. B.，Reza Ghazi. An Improved Mechanism for Capacity Payment Based on Systemdynamics Modeling for Investment Planning in Competitive Electricity Environment［J］. Energy Policy，Volume 36，Issue 10，October 2008，3703～3713.

［33］Hassan Qudrat Ullah，Baek Seo Seong. How to Do Structural Validity of A System Dynamics Type Simulation Model：The Case of an Energy Policy Model ［J］. Energy Policy，Volume 38，Issue 5，May 2010，2216～2224.

［34］Behdad Kiani. Mohammad Ali Pourfakhrae：A System Dynamic Model for Production and Consumption Policy in Iran Oil and Gas Sector［J］. Energy Policy，Volume 38，Issue 12，December 2010，7764～7774.

［35］邓永翔，贾仁安. 江西软件产业系统动力学模型构建及仿真分析［J］.

工业技术经济，2007（1）：105～108.

[36] 孙晓华，原毅军. 产业集聚效应的系统动力学模型研究 [J]. 经济与管理，2007（5）：10～13.

[37] 赵玉林，李文超. 主导性高技术产业成长的系统动力学研究 [J]. 经济问题探索，2009（5）：65～72.

[38] 彭波. 花都汽车产业竞争力的系统动力学分析 [J]. 现代商业，2009（26）：206～208.

[39] 秦钟，章家恩，骆世明，叶延琼. 我国能源消费与 CO_2 排放的系统动力学预测 [J]. 中国生态农业学报，2008（7）：1043～1047.

[40] 李阳，张兆同. 基于系统动力学的水污染问题研究 [J]. 安徽农业科学，2010，38（34）：19491～19495.

[41] 秦飞龙，卜凡忍，李悦. 煤炭资源开发生态经济系统的 SD 仿真建模 [J]. 中国煤炭，2010（8）：122～125.

[42] Fujino T., Ehara Y., Matsuoka T., et al. Back-casting analysis for 70% emission reduction in Japan by 2050 [J]. Climate Policy，2008（8）：108～124.

[43] S. L. Mander, Bowsa K. L., Anderson S., et al. The tyndall decarbonisation scenarios—part I: development of a back casting methodology with stakeholder participation [J]. Energy Policy，2008，36（10）：3754～3763.

[44] Nicholas, D. Sperling. America's bottom-up climate change mitigation policy [J]. Energy Policy，2008，36（2）：673～685.

[45] Turnpenny J., Carney S., Haxeltine A., et al. Developing regional and local scenarios for climate change mitigation and adaptation [C]. Part 1: A framing of the East of England, Tyndal Centre for Climate Research，2004.

[46] Turnpenny J., Riorden T., Haxeltine, A. Developing regional and local scenarios for climate change mitigation and adaptation，Part 2: Scenario creation [C]. Tyndall Centre for Climate Research，Working Paper 67，2005.

[47] K. Shimada, Y. Tanaka, K. Gomi et al. Developing a long-term local society

design methodology towards a low-carbon economy: an application to Shiga prefecture in Japan [J] . Energy Policy, 2007: 35 (9): 4688~4703.

[48] Kei Gomia, Kouji Shimadab, Yuzuru Matsuoka. A low-carbon scenario creation method for a local-scale economy and its application in Kyoto city [J] . Energy Policy, 2009, 38 (9): 4783~4796.

[49] Van Vuuren D. P. , Hoogwijk M. , Barker T. , et al. Comparison of top down and bottom-up estimates of sectoral and regional greenhouse gas emission reduction potentials [J] . Energy Policy, 2009, 37 (12): 5125~5139.

[50] Dagoumas, A. S. , Papagiannis G. K. , Dokopoulos P. S. An economic assessment of the Kyoto Protocol application [J] . Energy Policy, 2006, 34 (1): 26~39.

[51] Cosmi C. , DiLeo S. , Loperte S. A model for representing the Italian energy system: the NEEDS-TIMES experience. Renewable and Sustainable [J] . Energy Reviews, 2009, 13 (4): 763~776.

[52] Anderson K. L. , Mander S. L. , Bows A. , et al. The Tyndall decarburization scenarios—Part II : scenarios for a 60% CO_2 reduction in the UK [J] . Energy Policy, 2008, 36 (10): 3764~3773.

[53] Schulz Thorsten F. , Kypreos S. , Barreto L. , et al. Intermediate steps towards the 2000 W society in Switzerland: an energy economic scenario analysis [J] . Energy Policy, 2008, 36 (4): 1303~1317.

[54] Dagoumas A. S. , Kalaitzakis E. , Papagiannis G. K. , et al. A post Kyoto analysis of the Greek electric sector [J] . Energy Policy, 2007, 35 (3): 1551~1563.

[55] Edenhofer O. , Lessman K. , Kemfert C. , et al. Induced technological change: exploring its implications for the economics of atmospheric stabilisation. Synthesis report from the innovation modeling comparison project [J] . Energy Journal (Special Issue: Endogenous Technological Change and the Economics of Atmospheric Stabilisation), 2006, 207~202.

[56] A. S. Dagoumas, T. S. Barker. Pathways to a low-carbon economy for the UK with the macro-econometric E3MG model [J] . Energy Policy,

2010，38（6）：3067～3077.

[57] Wee-Kean Fong. Application of System Dynamics model as decision making tool in urban planning process toward stabilizing carbon dioxide emissions from cities [J]. Building and Environment，2009（44）：1528～1537.

[58] 潘家华，庄贵阳，朱守先等. 构建低碳经济的衡量指标体系 [N]. 浙江日报，2010-06-04（8）.

[59] 付加锋，庄贵阳，高庆先. 低碳经济的概念辨识及评价指标体系构建 [J]. 中国人口、资源与环境，2011（8）：38～43.

[60] 许涤龙，欧阳胜银. 低碳经济统计评价体系的构建 [J]. 统计与决策，2011（22）：21～24.

[61] 郭红卫. 基于模糊综合算法的低碳经济发展水平评价 [J]. 当代经济管理，2010（5）：15～18.

[62] Yaisawarng S.，Klein J. D. The Effects of Sulfur Dioxide Controls on Productivity Change in The US Electric Power Industry [J]. The Review of Economics and Statistics，2004，76（3）：447～460.

[63] Felix Creutzig，Emily McGlynn，Jan Minx，Ottmar Edenhofer. Climate policies for road transport revisited（Ⅰ）：Evaluation of the Current Framework [J]. Energy Policy，2011，39（5）：2396～2406.

[64] Todd Levin，Valerie M. Thomas，Audrey J. Lee. State-scale evaluation of renewable electricity policy：The role of renewable electricity credits and carbon taxes [J]. Energy Policy，2011，39（2）：950～960.

[65] Weyant J. P. EMF 19 Special Issue：Alternative technology strategies for climate change policy [J]. Energy Economics，2004，26（4）：501～515.

[66] N. Strachan，S. Pye，R. Kannan. The iterative contribution and relevance of modeling to UK energy policy [J]. Energy Policy，2009，37（3）：850～860.

[67] 解百臣，徐大鹏，刘明磊，许睿. 基于投入型 Malmquist 指数的省际发电部门低碳经济评价 [J]. 管理评论，2010（6）：119～128.

[68] 贾宏俊，米帅，李怀亮. 建筑业低碳经济政策绩效评价研究 [J]. 建筑经济，2012（5）：42～45.

[69] 吴晓山. 低碳旅游发展评价指标体系的构建 [J]. 统计与决策, 2012 (13): 47～49.

[70] IPCC. 1990. ClimateChange 1990: Adaptations and Mitigation of Climate Change. Cambridge: Cambridge University Press; IPCC. 2001. Climate-Change2001: Summary for Policy Makers. Cambridge: Cambridge University Press; IPCC. 2007. Climate Change 2007: Synthesis Report.

[71] Stern N. The Economics of Climate Change: The Stern Review [M]. Cambridge, UK: Cambridge University Press, 2006.

[72] Grossman G. M., A. B. Krueger. Environmental Impacts of a NorthAmerican Free Trade Agreement [M]. NBER Working Paper, 1991.

[73] Richmond A. K., Kaufmann R. K. Is there a turning paint in the relationship between income and energy use and/or carbon missions? [J]. Ecological Economics, 56: 176～189.

[74] Huang W. M., Lee G. W. M., Wu C. C. GHG emissions, GDP growth and the Kyoto Protocol: are visit of environmental Kuznets curve hypothesis [J]. Energy Policy, 2008, 36: 239～247.

[75] Lantz V, Feng Q. Assessing income, population, and technology impacts on CO_2 emissions in Canada: where is the EKC? [J]. Ecological Economics, 2006, 57 (2): 229～238.

[76] FanYing, LiuLancui, WuGang, et al. Analyzing impact factors of CO_2 emissions using the STIRPAT model [J]. Environmental Impact Assessment Review, 2006, 26 (4): 377～395.

[77] 徐国泉, 刘则渊, 姜照华. 中国碳排放的因素分解模型及实证分析: 1995—2004 [J]. 中国人口、资源与环境, 2006, 16 (6).

[78] 宋涛, 郑挺国, 佟连军. 环境污染与经济增长之间关联性的理论分析和计量检验 [J]. 地理科学, 2007, 27 (2): 156～162.

[79] 邹秀萍, 陈劭锋, 宁淼等. 中国省级区域碳排放影响因素的实证分析 [J]. 生态经济, 2009 (3): 34～36.

[80] Grubb M. J., Sebenius J. K. Participation. Allocation and Adaptability in International Tradable Emission Permit System for GHGs [R]. Control

in OECD Climate Change: Designing a Tradable Permit System. Paris: OECD，1992.

[81] Smith K. P. , Swisher J. , D. RAhuja. Who pays (to solve the problem and how much)? . InP. HayesandK. Smith. Eds. The Global Green house Regime-who pay? Science, Economic and North-SouthPolitics in the Climate Change Convention. London: United Nations 1993, University Press.

[82] 陈文颖，吴宗鑫. 碳排放权分配与碳排放权交易 [J]. 清华大学学报（自然科学版），1998，38（12）：15～18.

[83] 中国社科院可持续发展论坛（第三期）暨中挪"公平、发展与温室气体减排"国际研讨会议纪要 [EB/OL] . http：//www. iwep. org. cn.

[84] 潘家华，郑燕. 基于人际公平的碳排放概念及其理论含义 [J]. 世界经济与政治，2009（10）：6～9.

[85] Sturluson J. T. Economic Instrument for decoupling Environmental Pressure from Economic Growth [M] . Project Description，August 13，2002.

[86] Tapio P. Towards a theory of decoupling: Degrees of decoupling in the EU and the Case of road traffic in Finland between 1970 and 2001 [J] . Journal of Transport Policy，2005（12）：137～151.

[87] 陈文颖，高鹏飞，何建坤. 用 MARKAL-MACRO 模型研究碳减排对中国能源系统的影响 [J]. 清华大学学报（自然科学版），2004，44（3）：342～346.

[88] 温宗国. 低碳发展措施对国家可持续性的情景分析——低碳经济论[M]. 北京：中国环境科学出版社，2008.

[89] 姜克隽，秀莲，庄幸等. 中国 2050 年低碳情景和低碳发展之路 [J]. 中外能源，2009，14（6）：1～6.

[90] 吴垠. 低碳经济发展模式下的新兴产业革命 [N]. 经济参考报，2009-11-03.

[91] 冯之浚，牛文元. 低碳经济与科学发展 [J]. 中国软科学，2009（8）.

[92] 胡兆光. 中国特色的低碳经济、能源、电力之路初探 [J]. 中国能源，

2009 (11).

[93] 胡振宇. 低碳经济的全球博弈和中国的政策演化 [J]. 开放导报, 2009
  (5): 16～19.

[94] 李建建, 马晓飞. 中国步入低碳经济时代——探索中国特色的低碳之路
  [J]. 广东社会科学, 2009 (6).

[95] 管清友. 低碳经济下的货币主导权 [J]. 中国物流与采购, 2009 (8).

[96] 任力. 低碳经济与中国经济可持续发展 [J]. 社会科学家, 2009 (2).

[97] 王文军. 低碳经济发展的技术经济范式与路径思考 [J]. 云南社会科
  学, 2009 (4).

[98] 陈晓春. 浅谈低碳经济下的消费引导 [J]. 消费经济, 2009 (4).

[99] 贾仁安, 徐国平等. 用系统动力学研究复杂系统问题的方法论及其功能
  [M]. 北京: 高等教育出版社, 2000.

[100] 贾仁安, 丁荣华. 系统动力学——反馈动态复杂性分析 [M]. 北京:
  高等教育出版社, 2002.

[101] 路晓伟, 孙树垒, 王龙德. 基于现代控制理论的 SD 模型解析 [J].
  系统工程理论方法应用, 2002 (2): 163～166.

[102] 潘旭红, 汪小明. 中长期电量的系统动力学方法预测 [J]. 广东电力,
  2002 (8).

[103] 陈成鲜, 严广乐. 我国水资源可持续发展系统动力学模型研究 [J].
  上海理工大学学报, 2000 (2): 154～159.

[104] 胡玉奎, 韩于羹, 曹铮韵. 系统动力学模型的进化 [J]. 系统工程理
  论与实践, 1997 (10): 24～27.

[105] 王显政. 中国煤炭工业发展现状与展望 [EB/OL]. http://www.
  cari. com. cn/CariWeb/newsinfo. aspx? NewsID＝972, 2013 年 10 月 21 日.

[106] 吴晓青. 关于中国发展低碳经济的若干建议 [J]. 环境保护, 2008
  (5): 22～24.

[107] 宋付杰. 低碳经济理念下煤炭企业发展策略 [J]. 经济管理, 2012
  (上): 273～274.

[108] Gupta Rajat. Carbon emission reduction planning for cities: Developing a
  climate change action plan for the city of Oxford, UK [C]. 2006.

[109] 张栋.15％发展目标下的我国非化石能源发展研究 [J]. 能源技术经济，2010，22（6）：14～20.

[110] Agunwamba，J. C. Analysis of scavenger's activities and recycling in some cities of nigeria [J]. Environmental Management，2003，32（1）：116～127.

[111] 尹优平. 煤炭行业低碳发展与金融支持：以山西为样本 [J]. 中国金融，2010（24）：38～39.

[112] 左红英，王旭. 信息在循环经济中的作用机理 [J]. 情报科学，2006（8）：1146～1147.

[113] 金融界. 中国煤炭市场需求持续强劲 [EB/OL]. http：//coal. in-en. com/html/coal 09070907591286052. html，2012 年 2 月 15 日.

[114] Osmani，Skender. Considerations on strategy，policy and management of resources and enviroriment [J]. Proceedings of the 2008 Global Symposium on Recycling，2008：1247 ～1260.

[115] 王希，刘铮，郭信峰. 中国产业结构调整取得历史性变化 [EB/OL]. http：//www. cinic. org. cn/site951/cjtt/2014-1-22/716336. shtml，2014 年 1 月 22 日.

[116] 张志民. 浅谈我国产业结构调整对煤炭企业的影响 [J]. 煤炭工程，2002（3）：7～8.

[117] 牛芳，闫世强. 煤炭资源整合中的政府主导作用探讨 [J]. 理论探索，2010（2）：103～106.

[118] 张翼. 煤炭资源共享机制研究 [D]. 济南：山东大学硕士学位论文，2009.

[119] 刘光岭，李伟. 循环经济条件下的技术创新研究 [J]. 经济纵横，2008（5）：46～48.

[120] Serpo Ulgiati，Silvia Bargiglia，Marco Raugei. An emergy evaluation of complexity，information and technology，towards maximum power and zero emissions [J]. Journal of Cleaner Production，2008，7（16）：881～882.

[121] 杰克·J. 弗罗门. 经济演化 [M]. 北京：经济科学出版社，2003（4）：121～145.

[122] 克瑞斯提诺·安东内利. 创新经济学——新技术与结构变迁 [M]. 北京：高等教育出版社，2006 (5)：27～35.

[123] 迟远英. 基于低碳经济视角的我国风电产业发展研究 [D]. 长春：吉林大学博士学位论文，2008 (9)：43～51.

[124] Abdeen Mustafa Omer. Focus on Low Carbon Technologies：The Positive Solution. Renewable and Sustainable Energy Reviews，2007.

[125] 赫尔曼，哈肯. 协同学：大自然构成的奥秘 [M]. 上海：上海译文出版社，1995 (11)：121～145.

[126] 尼克里斯，普利高津. 探索复杂性 [M]. 成都：四川教育出版社，1980 (3)：47～49.

[127] 普利高津等. 从混沌到有序 [M]. 上海：上海译文出版社，1987 (6)：33～36.

[128] 许国志. 系统科学大辞典 [M]. 昆明：云南科学技术出版社，1994.

[129] 沈小峰，胡岗，姜璐. 耗散结构理论 [M]. 上海：上海人民出版社，1987.

[130] 吴彤. 自组织方法论研究 [M]. 北京：清华大学出版社，2001：37～39.

[131] 覃一冬. 基于自组织理论的区域经济系统演化机制研究 [D]. 武汉：湖北社会科学院硕士学位论文，2010 (5)：41～48.

[132] 秦书生. 复杂性技术观 [M]. 北京：中国社会科学出版社，2004.

[133] 周惠敏. 与时俱进的创新思维方式 [M]. 上海：上海人民出版社，2004.

[134] Nicolis G.，Prigogine. Self-organization in non-equilibrium system from dissipativestructures to order through fluctuations [M]. New York：Wiley，1977 (60).

[135] H. Haken. Information and Self-Organization：A Macroscopic Approach to Complex Systems [M]. Berlin，Springer-Verlag，1988 (11).

[136] 徐浩鸣. 混沌学与协同学在我国制造业产业组织的应用 [D]. 哈尔滨：哈尔滨工程大学博士学位论文，2002 (12)：87～99.

[137] 邓英淘，何维凌. 动态经济系统的调节与演化 [M]. 成都：四川人民出版社，1985.

［138］Frank Schweitzer：Self-organization of Complex Structure［J］. Gordonand Breach Science Publishers，1998.

［139］Van Geert Paul. Weal most had agreat future behindus；The contribution of non-lineardy namics to developmental science-in-the-making［J］. Developmental Science，1998（4）：154.

［140］胡传机，周豹荣．非平衡系统经济学［M］．长春：吉林人民出版社，1987.

［141］杜博芳．煤炭企业生态产业链构建研究［J/OL］．中国优秀硕士学位论文全文数据库（经济与管理科学辑），2011（S1）.